経営につなげる ISO活動の極意

本気で有効性を
高めるために……

㈶日本科学技術連盟ISO審査登録センター
品質・環境審査室　室長
仲川 久史 著

日科技連

まえがき

ISOマネジメントシステム認証制度、普及したとはいえない

　いろいろなところで、「ISO規格によるマネジメントシステムの認証制度はずいぶん普及した」という声を聞きます。本当にそうでしょうか。日本においては中小を含め企業の数が約150万社あるといわれていますが、その内、わずか数万社が認証されたからといって、ISOマネジメントシステムの認証制度が普及したといえるでしょうか。

　消費者にまだまだ遠い制度、近くの事業主さんや大学の先生方さえご存じない方が多い制度が、果たして"普及した"といえるのでしょうか。

　筆者は、この十数年にわたり、主に品質を主体とするISOマネジメントシステムの外部審査に携わり、主にサービス業界を専門として、小規模から大規模に至るまで種々の約180社を観察してきました。

　もっともっとISOが普及し、誰もが共通の合い言葉としてISOを語ることができれば、消費者のためになるのにと、いつも思っています。

　しかしながら、形式的な構築や運用が目立つのも事実です。審査の過程で、「もっと有効な活動ができないのか」と思うようなISOマネジメントシステム活動の実態にたびたび出くわしてきました。

　有効でないならば指摘し、不適合として是正処置をさせるべきでしょう。机上ではそう考えます。しかし、"有効でない"という指摘を淡々とするのが容易ではないこともわかっています。

　なぜなら、現実的には多くの組織で有効性にとぼしいマネジメントシステム構築となっていたり、あまり有効でない運用になっているからです。特に「審査のためのマネジメントシステム」になってしまっていることが決して少なくありません。そうした現状に疑問を感じながらも、抜本的に変えていただく支援はできません。また、個々の組織は他の組織の構築・運用事例の情報が得ら

れないことが多く、規格要求に応える"あるべき論"だけが先行してしまうことが有効なISOマネジメントシステムの運用がなかなかできない一因かもしれません。

知らない分野こそ相手を知る

　意外に思われるかも知れませんが、ISOマネジメントシステムの専門家でも、自分の得意とするマネジメントシステム以外のほかのマネジメントシステムや自分の育った業態以外の分野には詳しくないというのが現実です。

　だからこそ、知らないマネジメントシステム、詳しくない分野は、相手を立て、相手の考えをよく聞き、理解しようとする心が重要です。

　マネジメントシステムのこの制度は、独立性に関する要求があり、知らない相手、知らない業態、知らない組織を相手に審査するわけですから、相手を知る努力をしてから出発する"サービス業"であると思っています。

血を通わせる

　本書、執筆中の2011年3月11日、巨大地震が東日本を襲いました。それにともない、岩手県、宮城県を中心とする太平洋沿岸各地が大津波に襲われました。また、福島県では津波の被害に加え原子力発電所事故が発生し、電力不足と放射能汚染問題に陥り、東日本全域が甚大な被害を受け、大きな社会的影響が出ました。

　2011年3月11日、東京都内にいた筆者自身も帰宅できず社内で一夜を明かした一人です。未曾有の被害に対し、心より哀悼の意を申し上げますとともに、お見舞い申し上げます。

　今回の大震災に際して、認定機関、認証機関（審査登録機関：以下、認証機関とします）いずれも地震の翌週にはマネジメントシステム認証制度としての対応が検討され、特に認定機関からはそれぞれの方針や考えが公表されました。認定機関によって、考えや表現の違いがみられ、とまどわれた組織も多かったのではないでしょうか。

　2011年3月21日付読売新聞に漂着物の撤去に関することではありますが、

「法の弾力運用を」という記事が出ていました。被害に遭われた組織、混乱が続いている組織は、非常にデリケートな状態にあります。特に組織機能が全壊全損された組織には、「柔軟に対応したい」以外の言葉は見つかりません。自動車免許においては、「有効期限が切れても失効扱いせず当面運転できる」という判断がなされましたが、マネジメントシステムの認証制度でも、このような対応が必要だといえる激甚災害であったと思っています。

　被災企業への血の通った対応が、第三者認証サービスを提供する私たちにもこれからますます必要ではないかと思っているところです。

デミング博士の残した言葉

　1950 年、㈶日本科学技術連盟招聘時の品質管理 8 日間講習会でエドワーズ・デミング博士が語った言葉が議事録に残されています。

> 　つくった製品が、すべての規格にまったく適合しているとしても、**お客様が気に入らなければ、すべて不良品**とみなければなりません。

　お客様に気に入っていただこう、お客様に喜んでいただこうということを、第一に考えないで、適合した製品をつくればいい、適合したサービスをしさえすればいいというのは、違うのではないでしょうか。適合した製品が購入されずに倉庫に眠っていることは、とてもこわいことだと思います。

　また同博士は、次の言葉も残しています。

> 「生産には、いずれも非常に浪費となる 2 つの誤りがある。これを避けたいのであります」
> 「1 つは、事実上トラブルが実在しているにもかかわらず、これを摘出し除去するという手段をとらないという誤り」
> 「もう 1 つは、全然トラブルがないのに、わざわざトラブルを探し出そうとし、その調整を行うという誤り」

　いずれも考えさせられる言葉です。

書籍化にあたって

　本書は、2009年春から2010年秋にかけて、㈶日本科学技術連盟ISO審査登録センター登録組織向け無料講演会（通称 J-Hiroba）で行った講演内容「今こそ本音で話そう！」シリーズの「効果的な内部監査の実践」、「効果を高めるマネジメントマニュアル（文書化）のあり方」、「経営に直結させるISOの効果的な方針・目標展開」を見直し、修正を加えたものです。

　また、これは、各回終了後に当センター審査員研修会で審査員に対しても話した内容です。

　本書は、当センターとしての考えを含めて書いていますが、すべての認証機関が同様に考えているというわけではありません。認証機関も差別化の時代であると思います。もちろん、内容の多くは、筆者自身の考えです。単に、マネジメントシステムの内部監査、文書化、方針・目標展開についてだけ述べるのではなく、組織にとって今後のマネジメントシステム全般をどう捉えていったらいいか、という観点を含めて書いたつもりです。

　ISO 9001規格の2008年版が発行された頃から、組織自らによる適合の実証について各所で議論されています。もともとISO規格の要求事項は、組織自らが適合を証明し説明責任を果たすことが重要です。その延長線に、後述する「規定に捉われず認証機関が工数を含む審査プログラムを抜本的に計画できるというASRPによる審査」の適用があるといえます。

　ほとんどの組織が当初専門家に依頼して構築の支援を得ていますが、何よりも重要なのは自分たちの活動が自ずと適合している姿を説明し、自信をもって堂々と活動することであると思うのです。

　もし効果が現れない活動になっているのであれば、どこかの要求事項に対して十分な手が打たれていない、またはマネジメントシステムそのものが真に活用されていないのではないかと思います。

　審査のための活動に終わらせるのではなく、改善の機会をシステムによって創出し、効果的、効率的に改善を推し進める道筋とするために、ISOマネジメントシステムのツールを利用していただければ、審査機関の一員としてうれしい限りです。

本書の内容の一部は、『アイソス』誌（No.132、2008年11月号、及びNo.156、2010年11月号、http：//www.isos.ms/）でも紹介しています。参考にしていただけると幸いです。

　2011年5月

　　　　　　　　　　　　　　　　　　　　　㈶日本科学技術連盟
　　　　　　　　　　　　　　　　　　　　　ISO審査登録センター
　　　　　　　　　　　　　　　　　　　　　品質・環境審査室　室長
　　　　　　　　　　　　　　　　　　　　　　　　仲川　久史

第3刷にあたって

　本書を発刊して3年になろうとしています。それは、まさしく東日本大震災からの年月と同じです。東日本大震災は、多くの人の犠牲の上に、私たちに危機管理、事業継続、関係者とのパートナーシップなど、いろいろなことを学ぶ機会となりました。また"絆"という心の結びつきの重要性も教えられました。

　今回、第3刷にあたり、再度本書をレビューしました。一部を最新情報に置き換えた以外は、ほとんどはそのままとしました。初刷時も今も変わっていない普遍的な考えを書かせていただいたと自負しています。

　ISOマネジメントシステムは、9001（QMS）を筆頭に、14001（EMS）、27001（ISMS）、22000（FSMS）と増殖し、昨今では39001（RTSMS）道路交通安全マネジメントシステムが普及しつつあります。

　2013年に発行されたISO/TMB－JTCGによるMSS共通テキストは、各マネジメントシステムの共通要素を抜き出し、箇条構成、共通要求事項、用語・定義の標準（HLS：上位構造）として、それぞれの規格に対する整合化への道筋をつくりました。組織のマネジメントシステムは1つであり、各MSの固有要素は、共通要素の付随に過ぎないと早くから訴えてきた筆者の、まさに願う方向となってきました。

　さらに有効な内部監査、外部審査活動へと発展し、ISOマネジメントシステムが一層価値あるツールとなるように祈るばかりです。

　2014年1月

　　　　　　　　　　　　　　　　　　　　　　　　仲川　久史

●各ページの見方

　各ページは、枠で囲んだ部分と、その下の本文で構成されています。

　枠で囲んだ部分は、例えばそのまま社内などでパワーポイントを投影するなどして使用してきたもので、筆者がいいたいことを簡潔にまとめた部分です。箇条書き程度だと、なかなか伝えきれないと思い、枠内もある程度細かく書いてあります。

　なお、規格本文や、他からの引用部分はなるべく破線の枠で囲うなどの方法で区別がつくように表示しました。
本文では、枠内の解説をしたり、背景となる情報を記したり、筆者の考えを述べたりしています。

　3回にわたって行った講演資料を1冊にまとめたため、一部重複する部分があります。あらかじめご了承ください。

目　　次

まえがき　iii

第 1 章　効果を導く内部監査の実践　1

1. 今、どんな問題が現れているのか　2
　1.1　組織がおかれた現状は　4

2. 内部監査は何のために行うのか　5
　2.1　内部監査の定義　5
　2.2　活動の目的　6
　　2.2.1　マネジメントシステムに取り組む重要性　8
　　2.2.2　品質マネジメントシステムの論理的根拠とは　9
　　2.2.3　本気度が試されている　11
　　2.2.4　他のマネジメントシステムではどうだろう　13
　2.3　内部監査の目的①　15
　2.4　内部監査の目的②　16
　2.5　内部監査は何のために行うのか　17
　2.6　組織のマネジメントシステムは 1 つ①　18
　2.7　組織のマネジメントシステムは 1 つ②　20
　2.8　内部監査の実施の工夫を　22

3. 現場でみんなで行う内部監査を　23
　3.1　顧客の目線での監査を　25
　3.2　規格要求の誤った解釈が有効な監査を阻害する？　26

3.3　誤った解釈による弊害　28
   3.4　規格は汎用に広く解釈する（考える）ことができる！　29
   3.5　マネジメント原則—人々の参画　30
   3.6　内部監査でみんなを巻き込む方法　32
   3.7　上の人達だけではわからないこと　33

4.　内部監査運用事例　35
   4.1　事例①　36
   4.2　事例②　37
   4.3　事例③　38
   4.4　事例④　39

5.　審査側の変化　40
   5.1　変わってきている背景　40
      5.1.1　㈶日本科学技術連盟 ISO 審査登録センターの"有効性"研究の変遷　41
      5.1.2　内部監査の有効性についての議論を振り返ってみる　45
      5.1.3　求められている「有効性審査」　47
   5.2　1つのマネジメントシステムへの融合　49

6.　滅入る活動から楽しむ活動へ　51
   6.1　内部監査を楽しくするには①　51
   6.2　内部監査を楽しくするには②　52
   6.3　内部監査のもともと　55
   6.4　マネジメントシステムのことが誰にでもわかる　57

第 1 章に関する Q&A　59

第2章 効果を高める
　　　マネジメントマニュアル（文書化）のあり方 … 61

1. よく耳にし、目にする話　62

2. 文書化に関する規格、指針を振り返ろう　63
- 2.1　手順の文書化は、規格要求自体に変遷がある　64
- 2.2　文書化の程度に関する記述　67
- 2.3　文書化の程度、文書化の際の考え方　68
- 2.4　マネジメントシステムは画一的ではないはず！　69
- 2.5　規格周辺の指針①　70
- 2.6　ISO 10013：1995 内容の一部　71
- 2.7　ISO/TR 10013：2001　72
- 2.8　ISO/TR 10013：2001 内容の一部　73
- 2.9　規格周辺の指針②　74
- 2.10　「文書化要求事項に関する手引き」内容の一部　76
- 2.11　規格や指針が組織のその後の文書管理に与える影響は計り知れない！　77

3. 何のためのマニュアルか　78

4. マネジメントマニュアル事例　79
- 4.1　顧客目線に立ったマニュアル事例　79
- 4.2　現場目線に立ったマニュアルの事例①　80
- 4.3　現場目線に立ったマニュアルの事例②　81
- 4.4　重い文書システムから脱却した事例①　82
- 4.5　重い文書システムから脱却した事例②　83
- 4.6　軽い文書システムで充実化させた事例　85

5. 審査側の変化　86
　　5.1　マニュアルを含む文書の見方の変化　88
　　5.2　整合のタイミングと程度　89
　　5.3　規格のカバーの程度　90

6. 飾っておくマニュアルから活用するマニュアルへ　91
　　6.1　文書を再構築するときのヒント　92

第2章のまとめ　93

第3章　経営に直結させるISOの効果的な方針・目標展開 ……………… 95

1. よく聞く話　96

2. 組織が真に目指すところ　97
　　2.1　利害関係者並びにそのニーズ及び期待の例　98
　　2.2　JIS Q 9005：2005をみてみよう　99

3.「方針」、「目標」の規格・指針を振り返る　102
　　3.1　品質マネジメントの原則　103
　　3.2　規格・指針をもう少し振り返ってみよう①　105
　　3.3　規格・指針をもう少し振り返ってみよう②　108
　　3.4　何かに似ていませんか　110
　　3.5　リスクや問題・課題からの改善活動と方針からのダイレクト改善活動　112
　　3.6　管理項目（指標）と目標の違い　113
　　3.7　組織のマネジメントシステムは1つ　115
　　3.8　組織の一貫した「考え」の管理　117

4. 周辺の規格を上手に活かす　118
- 4.1　周辺規格①　119
- 4.2　方針によるマネジメントの概要（フロー）　121
- 4.3　周辺規格②　123
- 4.4　データ分析の重要性　125
- 4.5　品質マネジメントの8原則にみるデータ分析　127

5. 経営に直結させた方針・目標展開事例　128
- 5.1　経営にリンクさせた方針展開事例　128
- 5.2　経営にリンクさせた目標展開事例①　129
- 5.3　経営にリンクさせた目標展開事例②　130
- 5.4　Output matters を意識した目標展開事例　131
- 5.5　第3章の中間まとめ　132
- 5.6　MS種別にこだわらない包括的展開の一例　133
- 5.7　後工程はお客様　134
- 5.8　「悪さ」には本気で質の改善を！　135

6. 審査側の変化　137
- 6.1　審査側の変化①　139
- 6.2　審査側の変化②　141
- 6.3　審査側の変化③　144

7. すべては持続のために　146
- 7.1　マニュアルの一本化とISO活動の全社化　148
- 7.2　ドラッカーもTQMもISOもみな同じ！　149

第3章のまとめ　152

あとがき　　155

ちょっとコーヒーブレイク

　育ってきた習慣づけの芽を監査でつぶさない　7
　規格を解釈するのは組織側！　12
　報告書づくりのための内部監査はナンセンス！　27
　従業員みんなで会社を動かすから会社が強くなる！　34
　形式的な記録づくりは、コストがかかるばかり！　39
　規格には認定機関やコンサルタントを対象としたものもあります　48
　被災地の組織も手順どおりに内部監査しなければならないか　56
　参考になる支援文書— APG 文書　58
　あるべき姿、あるべき手順を規定として書きすぎない　72
　社会的影響の大きい事業ほど、真の緊急事態対策を！　84
　"持続的成功"を求めて　94
　これから注目されるマネジメントシステム— BCMS　111
　"やる気"は一人ひとりの自己実現の欲求にかかっている　114
　指摘する勇気、指摘しない勇気　140

装丁＝さおとめの事務所

第1章
効果を導く内部監査の実践

　第1章では、マネジメントシステムにとって最も重要であり、そう理解されつつも最も効果的な運用ができていない内部監査について述べます。

1　今、どんな問題が現れているのか

マネジメントシステム内部監査で組織が直面している現実的な問題点

- 文書管理ばかりの監査、形式的な監査に陥っている。
- 運用の監査が主体で、構築（ルールはこれでよいか）の監査は行われていない。
- 知識がとぼしく相手の領域に深く入り込めない。
- トップマネジメントや管理職だけで行っている。
- 事業（経営）とかけ離れた監査になっている。
- マネジメントシステムごとの監査を行っていて、大きな負担になっている。
- 実をいうと、規格の要求事項はいまだによくわからないでいる。

　組織のマネジメントシステムに対する捉え方やその期待は、トップマネジメントと運用の事務方では異なる場合がありますが、およそ、内部監査の構築・運用に関して、組織が普段抱いている、または審査員として懸念している点をここに整理してみました。

● 文書管理ばかりの監査、形式的な監査に陥っている
　規格要求事項の逐条監査スタイルを多く見かけます。これは、規格要求事項をもれなく確認することや、当初作成した監査用チェックリストを使用しているためかも知れません。YES、NO で答える方式の監査から検出される不適合は、文書管理、記録の管理のことばかりといったものが多いように感じます。

● 運用の監査が主体で、構築（ルールはこれでよいか）の監査は行われていない
　「規定にうたっている手順どおり行っていますか？」という監査が、よく行われているように思います。しかしながら、規定している手順がいいのかどうか

という観点の監査は残念ながら多くは見かけません。手順がいいかどうかを監査するのは、対象プロセスへの深い理解と現状把握がないと難しいものです。

● 知識がとぼしく相手の領域に深く入り込めない

　普段デスクワーク作業をしている人が製造の現場に、または製造現場の人が営業の現場に出向いても、なかなか的を射た質問は難しいでしょう。また立場の上下が影響しないというのは内部監査ではあり得ないと思っています。

● 上の方の関係者だけで行っている

　なるべく現場の人々に参加させる内部監査に育てたいと多くの組織が思っているようですが、現実的には現場は通常ライン業務に従事させるのがいっぱいで、内部監査手順や技術を教育し、内部監査の日程を取らせるのはとても厳しいという声を多く聞きます。そのため、何年にもわたり、事務局だけで行う、部課長だけで行うというやり方から脱せずにいるようです。

● 事業（経営）とかけ離れた監査になっている

　規格要求事項の裏返しだけの質問に終始し、経営上重要な売り上げやコストの質問、拡販や営業戦略面には踏み込めずにいるケースをよく目にします。

● マネジメントシステムごとの監査を行っていて、甚大な負担になっている

　マネジメントシステムごとに行う内部監査となっていて、要求事項の確認に追われ、複合的な視点による質問に及ばないケースが多いようです。システムの種別によって認証範囲を替えていることや、トップマネジメントやマネジメント責任者がシステムごとに違うことに起因していることもあるようです。

● 実をいうと、規格の要求事項がいまだによくわからないでいる

　規格の要求事項は、どれだけ組織の関係者に理解いただいているでしょう。認証して数年経た組織でも、規格の意図を説明すると、初めて聞かれたように「へ～、そういうことですか」という声がよくあがります。

1.1 組織がおかれた現状は

それぞれの関係者が、改めて認識しなければならないこと

- 組織には、さまざまな活動があり、今取り組んでいるマネジメントシステムの活動は、たとえ認証範囲が全体であったとしても、決して組織活動の全体を包含しているわけではないということ
- 組織は、今や各方面のステークホルダーや監督官庁からの要求でさまざまな内部監査を強いられているということ。内部統制がらみを含めて「経営監査」、「会計監査」、「業務監査」、「連結監査」……。
- 加えて、「顧客監査」に対応したり、「外部審査」に対応したりしなければならず、それらのコストはすべて吸収せざるを得ないか、製品価格に乗せざるを得ないということ
- マネジメントシステムも「品質」、「環境」、「安全」、「IS、IT」と広がり、各々の内部監査が各々に規格要求されているということ

　そのような内部監査の問題点がある中、反面、組織が置かれている現状を考えてみると、さまざまな社会的要求にさらされ、変貌を余儀なくさせられており、それぞれに応えるコストは莫大な金額に上っているようです。
　もちろん組織の位置する業態・業種、組織の規模、ステークホルダーなどによってそれぞれ違うわけですが、どの業態・業種であれ、顧客要求は多岐にわたっていて、とても、あるマネジメントシステム認証のためだけに活動はしていないというのが本音でしょう。
　さまざまな監査が組織では行われ、それぞれに監査報告書がつくられています。監査の種別ごとに個々に監査員を用意している組織、監査室という部門を用意している組織、いろいろです。いずれにしろ、組織にとってマネジメントシステムの内部監査は多くの監査のうちの1つであるということを認識しなければなりません。

2 内部監査は何のために行うのか

2.1 内部監査の定義

- JIS Q 9000：2006（ISO 9000：2005）で定めている定義では「3.9.1 監査（audit） 監査基準（方針・手順・要求事項）が満たされている程度を判定するために、監査証拠を収集し、それを客観的に評価するための体系的で、独立し、文書化されたプロセス」とある。
- 内部監査の定義（出典：内部監査人協会（IIA） ㈳日本内部監査協会HP）
  - 内部監査は、組織体の運営に関し価値を付加し、また改善するために行われる、独立にして客観的なアシュアランス及びコンサルティング活動である。
  - 内部監査は、組織体の目標の達成に役立つことにある。

監査の定義は、上記のようにJIS Q 9000（ISO 9000）用語の定義に記載されています。JIS Q 19011（ISO 19011）「品質及び／又は環境マネジメントシステム監査のための指針」という規格にも同じことが記されています。その中には、参考1として以下の記述もあります。

「内部監査は、第一者監査と呼ばれることもあり、マネジメントレビュー及びその他の内部目的のために、その組織自体又は代理人によって行われ、その組織の適合を自己宣言するための基礎としてもよい。多くの場合、特に中小規模の組織の場合は、独立性は、監査の対象となる活動に関する責任を負っていないことで実証することができる」

ここで特に注目したいのは、その他の内部目的をもって行ってよいこと、代理人でよいこと、独立性は対象となる活動に責任を負っていなければいいことなどが記されています。また、内部監査人協会の定義は、マネジメントシステム監査に限定していない表現である分、理解しやすい定義かも知れません。内部監査はコンサルティング活動であるといっている点です。

> ## 2.2　活動の目的
>
> ここからは、少し具体的に規格はどういっているのか見てみる。
>
> ### 品質マネジメントシステムの場合……
>
> JIS Q 9001：2008　1.1
>
> a) 顧客要求事項及び適用される法令・規制要求事項を満たした製品を<u>一貫して提供する能力を有することを実証する</u>ため
>
> b) 品質マネジメントシステムの継続的改善のプロセスを含むシステムの効果的な適用、並びに顧客要求事項及び適用される法令・規制要求事項への<u>適合の保証を通して、顧客満足の向上を目指す</u>ため

　内部監査の定義を整理したところで、続いてマネジメントシステム活動の目的にも遡ってみたいと思います。「品質マネジメントシステム」の場合は、上記で述べたとおり、規格の序文の後にその記述があります。

　また、2010年にISO/IAFから発行された「認定された認証に対して期待される成果」としては、以下の項目があげられています。

A：製品及びプロセスに適していて、認証範囲に適切な品質マネジメントシステムを確立していること
B：顧客ニーズ及び期待、並びにその製品に関連する適用法令・規制要求事項を分析及び理解すること
C：製品特性が顧客要求事項及び法令・規制要求事項を満たすために明確にされていることを確実にすること
D：期待されている成果（適合製品及び高い客満足度）を達成するために必要なプロセスを明確にし、運営管理していること
E：これらのプロセスの運用及び監視を支援するために必要な資源が利用できることを確実にしていること

F：定められた製品特性を監視及び管理すること
G：不適合防止を目指すこと、及び、次を実施するための体系的な改善プロセスが置かれていること
　　1. どうしても起こり得る不適合を修正すること（引渡し後に検出された製品の不適合を含む）
　　2. 不適合の原因を分析し、再発を防ぐための是正処置をとること
　　3. 顧客からの苦情に対応すること
H：有効な内部監査及びマネジメントレビュープロセスを実施していること
I：品質マネジメントシステムの有効性を監視、測定及び継続的に改善していること

　このISO/IAF共同コミュニケについては、JACB品質技術委員会等から研究報文が発行されています（JACB：マネジメントシステム認証機関協議会 http://www.jacb.jp/）。

ちょっとコーヒーブレイク

育ってきた習慣づけの芽を監査でつぶさない

　せっかく現場の人々が記録をつくる習慣がついてきて、さらに育てていきたいと思うとき、書き方や内容について指摘することはマイナスになることがあります。まずは書き続けてもらうことを優先します。補足記載は管理職の人がさりげなく書き足してあげましょう。監査員は重要度にもとづいて、指摘する勇気と指摘しない勇気の両方が必要です。

2.2.1 マネジメントシステムに取り組む重要性

もともと、なぜマネジメントシステムに取り組むことが重要なのか

JIS Q 9000:2006　序文 0.2

組織をうまく導き、運営するには、<u>体系的で透明性のある方法によって指揮及び管理すること</u>が必要である。すべての利害関係者のニーズに取り組むとともに、<u>パフォーマンスを継続的に改善するように設計されたマネジメントシステムを実行し、維持すること</u>で成功を納めることができる。組織を運営管理するということは、さまざまなマネジメント規範の中でも、とりわけ品質マネジメントを取り込むことである。

　最初に登場した品質マネジメントシステム規格の用語の定義集である「JIS Q 9000（ISO 9000）」では、その序文の0.2で品質マネジメントの原則について触れ、その冒頭で上記を述べています。

　いわゆる「見える化」を指す"透明性のある方法"はマネジメントシステムの要点でしょう。そして、パフォーマンス改善に向けて導くために、以下の原則を述べています。これはすべてのマネジメントシステムにいえることです。

　　a）顧客重視　　b）リーダーシップ　　c）人々の参画
　　d）プロセスアプローチ
　　e）マネジメントシステムへのシステムアプローチ　　f）継続的改善
　　g）意思決定への事実に基づくアプローチ　　h）供給者との互恵関係

　なお、これらは、品質マネジメントシステムの2000年版が検討された過程で、わが国が提案した原則で、詳細は日本品質管理シンポジウム資料に残されています。また、その概要は㈶日本規格協会ホームページ内（http://www.jsa.or.jp/stdz/iso/pdf/qmp.pdf）から入手できます。

> #### 2.2.2 品質マネジメントシステムの論理的根拠とは
>
> JIS Q 9000：2006　2.1
>
> - 顧客が最終的にその製品が受入れ可能かどうかを決定する。顧客のニーズ及び期待は変化し、かつ、競争と技術の進歩があるので、組織には、製品及びプロセスを継続的に改善することが求められる。
> - 品質マネジメントシステムのアプローチでは、組織が、顧客要求事項を分析し、顧客に受け入れられる製品を作り出すのに大きく影響するプロセスを明らかにし、これらのプロセスを管理し続けることを奨励する。

　JIS Q 9000（ISO 9000）を開くとその2.1に、品質マネジメントシステムを構築し運用することの論理的根拠が書かれています。

　まえがきにも書きましたが、論理的根拠はエドワーズ・デミング博士が1950年にすでに話していた「その製品を買うか買わないかは、顧客が決める」ということに帰すると思います。

　ここで、「顧客」の定義について触れてみましょう。

　JIS Q 9000：2006では、顧客（customer）は、「製品を受け取る組織又は人」と定義され、例示として、消費者、依頼人、エンドユーザー、小売業者、受益者及び購入者としています。ここで議論になるのが、顕在的顧客をいうのか、潜在的顧客も含むのかということになりますが、JIS Q 10001：2010では、注記で、「この規格の目的のためには、"顧客"という用語に潜在的顧客を含む」としています。

　JIS Q 10001は「顧客満足における組織の行動規範のための指針」として発行された規格で、解説文によれば、「個人顧客を対象としたビジネスにおける

顧客満足の維持及び向上の目的は、既に製品を購入／使用している人による再購入のみならず、今までに一度も製品を購入／使用したことのない人に関心をもってもらうことが含まれる」としています。

　ここでは、個人顧客に絞った考えが示されていますが、一般的に、ビジネスにおいては顕在化している顧客をその対象とするだけでは縮小均衡に陥ることは明白で、潜在的な顧客、言い換えれば将来の顧客をその対象として含めて考えることで、拡大均衡につながっていくと思います。

　したがって、マネジメントシステムを構築し運用する過程で、効果的なアプローチを考えるのであれば、さまざまに潜在的な顧客、将来の顧客を含めた考え方が必要と思われます。

　P. F. ドラッカーも、その著書『現代の経営』（上田惇生訳、ダイヤモンド社）の中で、「「われわれの事業は何か」を知るための第一歩は、「顧客は誰か」という問いを発することである。現実の顧客・潜在的な顧客は誰か、顧客はどこにいるか、顧客はいかに買うか、顧客にいかに到達するか、を問うことである」と語り、顧客を創造することの重要性を教えてくれています。

2.2.3 本気度が試されている

- 「本気で、利害関係者のニーズに応え、顧客満足の向上を、継続的改善によって図るならば、必ず顧客は組織の製品を購入し、組織は顧客に信頼感を提供し続けることができる」というのが、このシステムの活用の真髄である。

したがって、品質マネジメントシステムは……
- 規格に適合させる運用から脱し、顧客の期待に応え、一貫した製品を提供し続けること、その継続的改善をし、客観的証拠を積み重ねていくことで、<u>自ずと規格に適合していることの説明責任を果たす運用へと転化</u>していきたいものである。

当センターで認証している組織だけを集めた「J-Hiroba」の中で、いくつかの箇所で「本気で」という言葉を使ってみました。

「本気でない」とは決して思っていませんが、ISO 規格要求事項ツールが良好なアウトプットを得るために使われているかというと、はなはだ疑問に思う場面に出くわします。

リーマンショック（2008 年）後の経済環境下においては、どこにおいても余裕のある環境はありませんし、常にギリギリの中で最大の能力を発揮しなければならないでしょう。だからこそ、システマチックに良好なアウトプットを導く ISO マネジメントシステムツールが、「やらせられる」のではなく「やる気」をもって利用されることを願ってやみません。

とりわけ品質マネジメントシステムについては、どれだけ、本気で顧客の期待に応えようとしているかが試されていると思います。いざ自分自身がエンドユーザーの立場に立ったなら、メーカーに苦情を寄せたい、買わない、買いたくない、使いづらいなど不満や要望は際限なくあります。ところが、意外とま

だまだメーカーなど組織側は、顧客よりも組織の理屈を優先させて進んでいるところや、工夫ができていないところがたくさんあるのです。

　内部監査でも外部審査でも、規格や組織が定めた規定を手に持って、「このとおりにやっていますか」という進め方は、現実的にはムリがあります。この方法が逐条的な確認、重箱の隅をつつくような確認になっていったのではないでしょうか。これからは、構築や運用の実態をプロセスに添って、溯ってたどっていき、その状態が規格や規定に合っているかを判断する進め方がよいと思います。

　運用にムダ・ムラ・ムリがあったり、できていない部分が目立ったりするなら、定めている規定が適切でない可能性があるものです。

　業態や業種、組織の状況によっては、規格の要求事項さえも適切に解釈し直さないと、ムダな手順を多くつくってしまうことになります。

 ちょっとコーヒーブレイク

規格を解釈するのは組織側！

　規格は、すべての業種、業態に適用できます。適用できるということは、応用がきくということです。規格を考えた人や制度を運用する人々、そして審査員は、審査の専門家でしょうが、組織の経営には携わっていません。規格は、規格の専門家らが解釈を行うのではなく、組織側が自分たちに適するように解釈することが大事であり、本筋ではないかと思っています。この制度の理解、規格の真意を汲み取り、大いに組織勝手で考えればよいと思うのです。もちろん、活動の目的に向かって考えることが前提ですが……。

2.2.4 他のマネジメントシステムではどうだろう

- ●他のマネジメントシステムの活動目的
  - EMS
    - ●汚染の予防、関連法規制の遵守
    - ●環境パフォーマンスの継続的改善
    - ●ムダ・ムラ・ムリの改善〜品質の継続的改善
  - FSMS　●安全な食品が一貫して提供されること
  - OHSMS　●安全な労働環境が一貫して確保されること
  - ISMS　●情報資産の機密性、完全性、可用性が一貫して確保されること

　他のマネジメントシステムについても、それぞれの規格の中に、活動の目的を見出すことができます。

　環境マネジメントシステムの場合、「品質マネジメントシステム」と同様に、ISO/IAF からの共同コミュニケが出ています。

A：その活動、製品及びサービスの性質、規模、及び環境影響に対して適切な環境方針を規定していること

B：管理及び／又は影響を及ぼすことができる活動、製品及びサービスの環境側面を特定し、また、著しい環境影響（供給者／請負者に関する著しい環境影響を含む）を与える可能性のある環境側面を決定していること

C：適用可能な環境法規及びその他関連要求事項を特定するための手順、これらを環境側面にどのように適用するかを決定する手順、及びこの情報を最新のものにしておく手順を整えていること

D：適用可能な環境法規及びその他の要求事項を順守するコミットメントを満たすために有効な管理策を実施していること

E：法的要求事項及び著しい環境側面を考慮することが可能である場合は、それらを考慮し、測定可能な環境目的及び目標を規定していること、並びに、そ

れらの目的及び目標を達成するためのプログラムを整えていること
F：組織で働く又は組織のために働く人々が、環境マネジメントシステムの要求事項を自覚し、著しい環境影響を引き起こす可能性がある作業を実施する力量を有していることを確実にすること
G：内部コミュニケーションを行う手順及び外部の利害関係者（必要に応じて）への対応及びそれらの人達とのコミュニケーションを行う手順を実施していること
H：著しい環境側面に伴う運用が、指定されている個々の条件の下で実施されることを確実にし、その運用のうち著しい環境影響を与える可能性のある運用のかぎ（鍵）となる特性を監視及び管理すること
J：環境に影響を与える可能性のある緊急事態に対応する手順を確立し、また、（実施可能な場合には）テストすること
K：適用可能な法的及びその他の要求事項の順守評価を定期的に評価すること
L：不適合の予防を目指し、次の手順を整えていること
　1．発生する不適合を修正する手順
　2．そのような不適合の原因を分析し、再発を防ぐための是正処置をとる手順
M：有効な内部監査、及びマネジメントレビュー手順を実施していること

「労働安全衛生マネジメントシステム」の場合、OHSAS 18001：2007では、「1.適用範囲」で「組織の活動に関連するOH&S危険源に暴露される可能性がある要員及びその他の利害関係者に対するリスクを除去し、又は最小限に抑えるため」と、その活動目的をうたっています。

「食品安全マネジメントシステム」の場合、ISO 22000：2005では、その「序文」で「この規格は、最終消費に至るフードチェーンに沿った食品安全を確保するため」と活動の目的を明確に規定したうえで「使用される工程及び施設の種類と関連し得るハザードを含め、フードチェーン内で発生することが当然予測されるすべてのハザードが明確にされ、評価されること」、さらに「組織に、食品安全マネジメントシステムを通じて、適用可能な食品安全に関連する法令・規制要求事項を満たすこと」を求め、まさしく製造した食品を安全にエンドユーザーである消費者に提供するためにこの活動をするということをうたっています。

第1章　効果を導く内部監査の実践

> ## 2.3　内部監査の目的①
>
> 　活動目的、活動の方向について話してきましたが、ここで改めてマネジメントシステムの内部監査の目的を確認してみよう。
> 　品質の場合　JIS Q 9001：2008　8.2.2
> 　　a）品質マネジメントシステムが、個別製品の実現の計画に適合しているか、この規格の要求事項に適合しているか、及び組織が決めた品質マネジメントシステム要求事項に適合しているか。
> 　　b）品質マネジメントシステムが効果的に実施され、維持されているかを明確にするため
> 　とりわけ、
> 「決めているルール通りに運用されているか」もさることながら、「決めているルールがおかしくないか」も重要な視点である。また、目的の実現に向かって「説明責任を果たしているか」が重要な視点である。

　内部監査の目的について、ISO 9001 規格で話を進めます。
　上記に示した「内部監査の目的」は、あくまでも「規格」の要求事項そのままです。a）に応えるあまりに、形式的な、実のない内部監査になってしまう場合があります。現実的には、組織には組織なりの、より具体的な内部監査目的があるのではないでしょうか。逆に、現実的な目的を、規格の文言に捉われずにはっきりさせてみてはいかがでしょう。
　例えば、「売上が下降している原因を探る」とか、「データの分析を使ってきちんと現状把握しているか確認する」とか、「不具合やクレームの再発防止が真に効いているか見直す」など、日常かかえている課題や問題をもって監査に向かってみてはいかがでしょう。少なくとも、「品質の監査に来ました」、「今回は環境の監査に来ました」、「次回は労働安全を見に来ます」というように、カテゴリー別に何度も出向く監査よりは、その時々の課題・問題をもって、複数の観点から監査する内部監査に育つといいと思っています。

2.4　内部監査の目的②

そして、さらに……
目の前に見えている顧客の期待・ニーズに応えるだけでは、当然のことながら経営上縮小均衡に陥ることから、"まだ目の前に見えていない顧客の期待・ニーズを探り、それに応える企てを行い続け、活路を見出すことが考えられているか"も、また、重要な視点です。
　第三者審査と、内部監査が根本的に異なるのは、第三者審査は、組織が長く食べていけるかどうか（持続的に成長していけるかどうか）には入り込むすきまがないが、内部監査は、組織が長く食べていけるかどうかということに深く入り込めることにある。

　前述しましたが、マネジメントシステムを構築し運用する中では、見えている顧客のことばかりをその対象としていて、まだ見えていない顧客のことはあまりマネジメントシステムの対象に含めていないケースがあります。
　経営上、見えている顧客だけに応えているだけでは、大きく発展していきません。シェアを上げていくには、まだ見えていない顧客の期待やニーズを探り、そこを明確にして、どのような製品の計画、設計を通じた製品実現をしていくかを、マネジメントシステムの中で決定しなければなりません。
　なお、外部審査では、規格要求にない事項、例えばコストに関する事項や事業収益に関する事項について踏み込むことはありません。目的達成に向けたマネジメントシステムの活動の有効性については触れるものの、損益勘定について触れることは通常ありません。だからこそ内部監査では、そこに踏み込んで、「なぜ儲かっていないのか？」というような追求をしていったらよいのではないでしょうか。また、その過程で、必ずマネジメントシステムがうまく活用できていないところにぶつかるのではないでしょうか。

2.5　内部監査は何のために行うのか

　内部監査とは、マネジメントシステム活動に取り組むことで、組織の体質強化を図りつつ、さまざまな決めごとの徹底を図ることを通じて、社会や利害関係者からの信頼信用を蓄積していくために行うものであり、
- 経費をコントロールしながら、売上をつくっていくこと、言い換えれば儲けていくための活動（PDCA－マネジメントシステムの基本）
- 製品製造、サービス提供を通じて顧客の喜ぶ姿を感じるための活動（品質）
- リスクを最小限に留め、企業イメージを良好に維持し事業継続させるための活動（環境・安全・情報・リスク……）

である。

　利益はどのように導き出されるのでしょうか。

　　　　利益＝売上－コスト

　売上が上がらないと利益が出てこないことは、誰しもわかると思います。しかし、コストも適正に抑えないと、利益は出てきません。逆にいえば、売上が落ちても、コストを落とせば、利益は確保できます。

　　　　売上＝単価×数量

　単価は、製品や商品1つの価格です。お客様1人が支払った価格を客単価といいます。数量は、販売に繋がった数や量、買い物をしたお客様の数が客数です。単価が上がらなくても、数量が増えれば、売上は確保できます。数量が上がらなくても、高い単価の物が売れれば、売上は確保できます。

　なお、かかるコストは時代ごとに変わってきています。2000年代以降、家庭においても、通信費が食費並み、場合によっては食費以上の構成比を占めるようになってきました。このようにトレンドを分析しないと、どこにコストをかけ、どこを抑えるかを誤りかねません。

2.6 組織のマネジメントシステムは1つ①

- 組織のマネジメントシステムは、要素ごとに個別にあるのではなく、1つのマネジメントシステムに、個々の要素が加わっているにすぎない。
- "品質"、"環境"などでマネジメントシステムを分ける必要はない。"顧客や社会のニーズや期待に合致した活動"を通じて"自分たち組織のために"ISOという共通言語で進めているにすぎない。

EMS
QMS
ISMS
OHSMS

それぞれは経営にとって、
1つひとつのパーツにすぎない

　認証機関の一員としてこのことをいうのは、大きな勇気がいることでした。十数年前からマネジメントシステムの審査活動に従事し、品質マネジメントシステムを主体に活動してきた筆者は、一時期、すべては品質が基本だと思い、品質以外のものは、品質に付随する程度にしか考えていませんでした。しかし、環境、情報セキュリティ、食品安全などについてのISO規格が発行され、さらにISOになっていない規格、業界を特化したセクター規格などが次々に発行され、社会に出るに従って、規格が団子状化し、重複する部分が多くなりました。それにも関わらず、工数などを含めた認証のための基準は個別のままで、組織のためになるのか、という疑問も生じました。マネジメントシステムが広範に普及拡大することを阻害するようなことばかりが見えてきて、現実的でない縦割の制度運用に滅入った時期もありました。

　「組織にとって、マネジメントシステムは1つ」というのは、㈶日本適合性認定協会（JAB）が、2007年4月13日に発表した「マネジメントシステムに係る認証審査のあり方」という記事の中で使われていた言葉です。発表された

記事を引用します。

> 「ビジネス全体の視点からの審査」
> 　組織のマネジメントシステムは、基本的に1つのシステムであることから、マネジメントシステム規格別の認証審査においても、組織のビジネス全体の視点から該当の審査にあたることを、市場から強く求められております。したがって認証審査では、自身の専門分野の知識のみに深入りして審査を行うべきでなくむしろビジネス全体のニーズ（要求事項）とマネジメントシステム規格の要求事項のつながりをプロセスアプローチ的に審査し、組織とその顧客に付加価値のある認証サービスを提供することが重要となります。

　JABは、その後「付加価値」という言葉が独り歩きしないよう、付加価値という用語を避けてきているようですが、本質は、ビジネス全体の視点から1つのマネジメントシステムを見て、深入りしすぎない、むしろ周辺を汲んだ審査を期待しているという内容の記事であったと理解しています。

2.7　組織のマネジメントシステムは1つ②

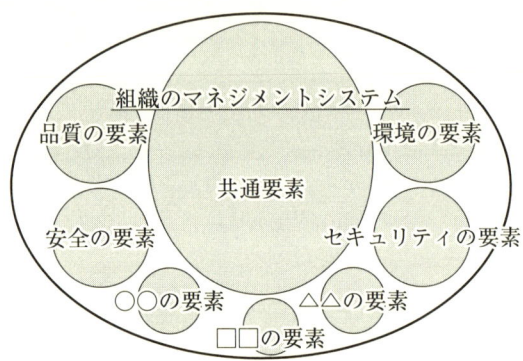

- もともとこの観点に立って、マネジメントシステムは構築されることが望ましい。この観点で内部監査が実施されることがこれから必要である。

　ビジネス全体の視点から、組織の1つのマネジメントシステムを見るということは、どのようなことなのでしょうか。

　すでに発行されているいくつかのマネジメントシステムの目次を横に並べて見てみると、同じ項目が登場するのが、すぐにわかるはずです（図表1.1）。

　組織が組織として活動する上で、そこには活動の標準化を図るための一定の手順があるはずです。それは、2～3人の組織であれ、創業したての組織であれ同じです。そうでなければ、組織の活動はばらばらになってしまいます。

　一定の手順について、トップマネジメントや管理職の頭の中で決まっている場合と、文書化されている場合、最前線の担当者に伝わっている場合と伝わっていない場合などいろいろな状態があると思います。

　しかし、そこで安定したアウトプットを生み出そうとするならば、仕組みを作って、レールを敷いておくことが重要でしょう。

　組織内の一定の手順を整理し、明確化させておきたい要素は、図表1.1で示した「共通要素」です。ビジネス本来の姿を念頭において、最初からビジネス

第1章 効果を導く内部監査の実践

図表 1.1　マネジメントシステムにおける共通要素と固有の要素

共通要素	固有要素
活動の適用範囲、目的	QM
文書管理・記録の管理	・製品実現の計画・実施・検証
マネジメントシステムの計画	EM
方針、目的・目標展開	・環境側面の抽出・評価・検証
資源の用意・管理	ISM
責任・権限	・情報資産管理
コミュニケーション	リスクマネジメント
顧客・社会のニーズ・期待の明確化	・事業活動におけるリスク抽出・評価
不適合・苦情処置	・FSM
内部監査	・OHSAS
データ分析	・BCM
是正処置・予防処置	・CSR
関連法令の明確化と順守	

　共通の要求事項がISOとして発行されていれば、もっと、このマネジメントシステムに広がりがあったのではないかと思います。ここにきて、やっとマネジメントシステムの共通テキストが開発・発行されて動き出しました。第3章で述べます。

　筆者は、共通部分のマネジメントシステム規格が、早く研究・開発・発行され、それに加えて、各種のマネジメントシステム要求事項規格ができて、組織が必要な固有要素を組み合わせて1つのマネジメントシステムを築けるようになってほしいと2004年にISO 14001が改正された頃からずっと願っていました。組織が行う内部監査の体系としては、「共通要素＋組織が必要なその時々の固有要素」という考え方で、内部監査プログラムをもち、少なくともムダ・ムラ・ムリのない内部監査にしてほしいと思っています。

　そのためには、1つのマネジメントシステムに対して、各要素を横断的に見る内部監査にしていくことが必要ではないかと思っています。

2.8　内部監査の実施の工夫を

"統合させた内部監査を行う"のではなく、"観察した１つの結果を、統合的に見る"
　例えば……
　ある倉庫を観察した際、ほこりをかぶった製品の入ったダンボール箱が不規則に積み上げられていた……という事象があったなら、
　　　QMS 的には：インフラ、作業環境、顧客関連、顧客の受け取め、不適合、製品管理
　　　EMS 的には：新たな側面、廃棄物の増加
　　　OHSMS 的には：労働災害の可能性
　　　経営的には：将来コスト、在庫回転率、生産性
というように、複数のシステムに絡む問題（心配事）として取り上げていくことが有効かもしれない。

　課題や問題点を「心配事」と捉えたら、前に進むことができて、改善箇所がつかめた、はっきりしてきたという声を聞いたことがあります。

　各マネジメントシステムの規格では、当然のことながら、そのマネジメントシステムの要求事項に精通することを内部監査員の力量として求めていますし、内部監査の指針として発行されている JIS Q 19011（ISO 19011）も、各マネジメントシステムの固有の知識を求めています。

　しかし、ビジネスの現場で、あるマネジメントシステムの知識だけ長けているという内部監査員が、どれだけ役に立つことでしょうか。むしろ、現場においては、１つの事象を捉えて、総合的に評価し判断できる力量が求められているはずです。この規格で進めている目標には合致するが、別の規格で進めている目標には合致しないという事象は、組織内には少なからずあると思います。顧客や利害関係者に安心や信頼感を提供できるよう、顧客や利害関係者が心配するような点を中心に内部監査を行うだけでも、ずいぶんと効果的な内部監査になりますし、結果的に規格要求事項を満たす活動になります。

第1章　効果を導く内部監査の実践

3　現場でみんなで行う内部監査を

　現在、現場パフォーマンスを見て判断する監査がますます求められている。
　当センターも、ここにきて大きく変わろうとしている。
- 会議室を飛び出して、多くの時間を現場を見る時間に費やす。
- 結果から遡る帰納型展開の計画と実施。
- ISOのフィルターを通さず、素直に組織の問題を語り合う。
- 業種、業態、組織の言葉で話す。
- チームで総合力を発揮し、百社百様の審査戦略、審査シナリオで臨む。

（『アイソス』2008年11月号より）

　まえがきでも述べましたが、マネジメントシステム規格の専門誌、月刊『アイソス』に掲載された記事の一部を少し紹介しましょう（「今、求められている審査とは」、『アイソス』、2008年11月号、システム規格社）。

(1) 会議室を飛び出して、多くの時間を現場を見るために費やす

　長い間審査に直接携わって、いつも一番大きな疑問だったのがこれでした。応接室や会議室に閉じこもって、質問や文書・記録の確認を繰り返し、ほとんど現場に行かないという状況をよく目にしますし、よく聞きます。

(2) 結果から遡る帰納型展開の計画と実施

　脆弱な点や仕組みの悪さを早く検出し、深く周辺情報を入手して固めるには、オーソドックスな帰納型展開を勧めたいと思います。現実的に、活動の目的を達していないアウトプットが出ているなら、そこからスタートし、トレースバックしていく手法です。限られた時間の中では、審査員自ら評価した結果

に自信をもつために、効率的な確認は不可欠です。

(3) ISO のフィルターを通さず、素直に組織の問題を語りあう
　規格を通した目で活動を見ていくと、規格に応えている部分しか見えてこない場合があります。例えば、品質マネジメントシステムの問題と思わないまま、別のところに記録が存在することもあり得ます。広く、高い視点から、率直に今の課題や問題を語り合っていくうちに、どの要求事項につながっているのか見えてくるものです。

(4) 業種、業態、組織の言葉で話す
　「規格の用語はよくわからない」という声を多くの組織で耳にします。多くの組織からわかりにくいという声が出ている以上、規格が悪いのではないかとさえ思ってしまいます。
　組織の多くは、規格に登場する用語を普段から使っているわけではありません。馴染みも薄く、現場での共通言語にもなりづらいのが実態です。
　組織の業種、業態にかかわらず、いかにわかりやすい言葉で審査ができるかは、審査員に要求されるコミュニケーション力の最たる部分です。

(5) チームで総合力を発揮し、百社百様の審査戦略、審査シナリオで臨む
　多くの審査で、審査員1人による審査が行われているのも事実ですが、複数人、場合によっては、10人以上の審査チームで審査が行われる場合もあります。複数の審査員によるチーム編成の場合、それぞれの審査員が一匹オオカミとなって審査しただけでは、もちろん全体としてのチーム所見が導き出せず、審査に対するリーダーの意図が反映されません。審査員ごとに感じ取った所見のまとめにも、チームとしてのまとまりは欠かせないでしょう。
　また、今の時代、みな違った組織ごとのマネジメントシステムと、その運用、考え方や文化、慣習などの側面の違いがあるのは当然のことで、審査計画や審査展開の方法も、組織の数だけあると思っています。それぞれの組織に応じた審査が必要だと思っています。

3.1 顧客の目線での監査を

- これからの内部監査にぜひ期待したいことは、監査員を組織の製品の買い手（受取り手）である顧客の視点に立たせること
- 監査員の真の力量は、規格を知っているというよりも、顧客や社会の目から見ると心配なことや「こうだと買わない」という意見などを率直にぶつけられること
- いいあえる職場環境、いえる力、受け入れられる人間関係、改善につなげる現場の力……これらが真に機能すること
- このように考えてくると、自ずと効果を導く内部監査が見えてくる。

　これからの内部監査は、ぜひ顧客の目線、利害関係者の目線で行われることを期待します。

　乱暴ないい方ですが、組織のビジネス全体の視点から考えてみると、本当に各規格要求事項がわかる人は、ほんの一握りでよいと思います。内部監査メンバーは必ずしも各規格要求事項に精通している必要はありません。

　人が人に接して、人を評価し（仕組みの評価といいながら、結果的には人の評価と人の処置が現実的には多いように思っています）、人を動機づけ、改善を図ってもらう道筋において、重要な基礎は、いいあえる環境、人間関係です。人は「命令」、「指示」、「要求」だけでは、真の力を発揮しないのです。

3.2　規格要求の誤った解釈が有効な監査を阻害する？

ここで、規格の2つの要求事項の誤った解釈をみてみる。
- 監査の目的の1つに、"この規格の要求事項に適合しているか"があり、このために、項番の漏れがあってはならないという思いがあること
- 要求事項の1つに"監査員は、自らの仕事を監査してはならない"がある。そのため、独立性、公平性を考慮し、別の部署の監査員を行かせることになり、踏み込んだ監査がしにくいという思いがあること

　ここでは、少し規格屋っぽくなりますが、規格要求事項の誤った解釈による弊害事例について述べます。誤った解釈による、形式的なマネジメントシステム運用は、もちろんここで述べる以外にも多数あると思います。

　例えば、マネジメントレビューの開催について、いつ誰が言い始めたかわかりませんが、年1回、または年2回、規定のインプットとアウトプットをまとめて行い、それがすぐにわかるように記録しておくということがすっかり定着しています。ところが、これが規格要求事項を満たすためのマネジメントレビューになっているものの、決して、ビジネス全体の視点からのレビューにはなっていないのが実情です。

　トップマネジメントが加わって、マネジメントシステムの各要素をレビューする機会は、どこの組織でも、年1回や2回ではなく、それなりの回数があるのではないでしょうか。特に、何か問題があった場合の現状報告は、半年後や1年後ではなく、逐一受けるでしょう。それに対して、例えば資源の提供に関するアウトプットなども、半年や1年後を待たず出されているものと思いま

す。

　短いサイクルでの、マネジメントレビュー要素の一部を構成するインプットやアウトプット、長いサイクルでの少しマクロ的な観点からの、マネジメントレビュー要素を構成するインプットやアウトプットの両方が、組織では行われています。後は、それらのマネジメントレビューが有効に機能し、運用されているかを監査や審査でどう確認するかにかかっているのではないでしょうか。

　「記録が3分以内に出てこなかったら、検索が容易ではないとして不適合にされた」という組織の話を聞いたことがありますが、早く記録を出すために形式的な記録を作成することは、ナンセンス以外の何ものでもありません。

　多くの記録を眺め、規格の要求事項を満たしていることを見定めるのは、内部監査員や審査員の力量であろうと思っています。

ちょっとコーヒーブレイク

報告書づくりのための内部監査はナンセンス！

　ともすると、適合性評価の結果を記録や報告に残すことだけを主眼においた内部監査になってしまうことがあります。「何のための内部監査か」という視点に立ち戻りたいものです。もちろん、内部監査の記録を維持することは規格要求事項ではありますが、ただ現場の記録を眺め、書き写すだけ……というような内部監査にならないよう、注意したいものです。

> ### 3.3　誤った解釈による弊害
>
> 　それぞれの要求事項に応えるために、有効性の高い監査ができずにいるのではないか。
> 「この規格の要求事項に適合しているか」
> 誤った解釈が……
> - 規格の裏返しのチェックシートを作らせ……
> - 形式的な確認になってしまい……
> - 広く浅い確認に終始してしまう……
>
> 「自らの仕事は監査してはならない」
> 誤った解釈が……
> - 自分の部門はよさも悪さもよくわかるのに監査できない……
> - 他の部門の人に自分の部門の問題点がわかるのか……

　さて、これは前項に続いて内部監査の実施方法でいつも気になっている2点について、述べたものです。どれだけの組織が、このことで大変な思いをしたことでしょう。

　内部監査チェックリストがいつまでも規格の裏返しから脱しきれないのはこの2点が原因です。相手の仕事やプロセスがわからないままに出向いて、上っ面だけの確認で、文書指摘ばかりに終始している内部監査がいかに多いか、審査を多く経験すれば、見えてくるものです。

　マネジメントシステムの制度においては、利用者つまり組織からの意見や利用の程度を伺うプロセスもあって、一見、制度利用者の意見が反映されているように見えるのですが、本当に組織の声は、得られているのでしょうか。それも資金力や資源に疲弊している組織の本音が……。

> ### 3.4 規格は汎用に広く解釈する（考える）ことができる！
>
> 「規格要求事項に適合しているか」
> - すべての項番の確認を「毎回」、「頻繁に」とはいっていない。
> - あらかじめ定めた間隔で……といっている。
> - 監査の対象となるプロセス及び領域の状態及び重要性、並びにこれまでの監査結果を考慮して……といっている。
>
> 「自らの仕事は監査してはならない」
> - 自らの"仕事"は監査しない……"部門"とはいっていない。
> - 規格は、客観性や公平性、独立性を欠くことでの、マンネリ化や悪さの検出力低下を懸念しているのであって、改善の機会を創出する監査ならば大いに期待している。

　とにかく、規格は汎用に広く解釈することができるということです。

　生まれたての種類のマネジメントシステムは、とかくある考えに偏った一律的な制度運用がスタートしがちです。これは、やむを得ないことでしょうが、俗にいう上から目線の動きになります。

　しかし、マネジメントシステム規格を使う組織、審査員、関係者が増えれば増えるほど、あんな考えもある、こんな考えもある……といった風に、いろいろな構築事例、運用事例が見えてきて、必ずしも答え（規格要求事項の満たし方）は1つではないとわかってくるものです。

　第2章で述べますが、マネジメントシステム規格もまた生き物であって、変わっていくものです。あるときの要求は、あるときには消えてなくなるのです。今、大事なのは、何のためにマネジメントシステムを構築し運用しているかという、活動目的、規格のいう「求められる成果」に向かって、いかに歩もうとしているかです。

> 3.5 マネジメント原則―人々の参画
>
> **監査はみんなを巻き込んで行っているか**
> 品質マネジメントの原則
> JIS Q 9000:2006(ISO 9000:2005)
> 0.2 c)―人々の参画
> (日本から提唱した8原則の1つ―もともとは"従業員の関わり合い involvement of people"であった)
> すべての階層の人々は、組織にとって根本的要素であり、その全面的な参画によって、組織の便益のためにその能力を活用することが可能となる。

マネジメントシステムにおける8つの原則について、少し記しておきます。

元をたどると、1998年6月に、箱根ホテル小涌園で行われた「第66回品質管理シンポジウム」での、狩野紀昭先生の講演報文に行きあたります。「クオリティ・マネジメント原則及びその適用ガイドラインに関する草案仮訳」が議事に出されています。

さらにひも解くと、1997年5月に、ISO/TC176/SC2の中のワーキンググループから原案が出されています。

また、ISO 9001:2000年版改訂作業中に、日本のTQMをどう活かすかという検討の中で、TQMの原則が品質マネジメントの8原則として採用されていったという話を聞きます。

ちなみに、マネジメントの原則は、品質のみでなくすべてのマネジメントシステムに共通にいえるものです。

次ページに品質マネジメントの原則を示します。これは、㈶日本規格協会のホームページ「規格開発情報／ISO 9000ファミリー規格」、及びJIS Q 9000

（ISO 9000）に解説も含めて載っていますので参考にするとよいでしょう。

〈顧客重視〉
　組織は、その顧客に依存しており、そのために、現在及び将来の顧客ニーズを理解し、顧客要求事項を満たし、顧客の期待を超えるように努力することが望ましい。

〈リーダーシップ〉
　リーダーは、組織の目的及び方向を一致させる。リーダーは、人々が組織の目標を達成することに十分に参画できる内部環境を創りだし、維持することが望ましい。

〈人々の参画〉
　すべての階層の人々は、組織にとっても最も重要なものであり、その全面的な参画によって、組織の便益のためにその能力を活用することが可能となる。

〈プロセスアプローチ〉
　活動及び関連する資源が一つのプロセスとして運用管理されるとき、望まれる結果がより効率良く達成される。

〈マネジメントへのシステムアプローチ〉
　相互の関連するプロセスを一つのシステムとして明確にし、理解し、運営管理することが組織の目標を効果的で効率よく達成することに寄与する。

〈継続的改善〉
　組織の総合的パフォーマンスの継続的改善を組織の永遠の目標とすることが望ましい。

〈意思決定への事実に基づくアプローチ〉
　効果的な意思決定は、データ及び情報の分析に基づいている。

〈供給者との互恵関係〉
　組織及びその供給者は相互に依存しており、両社の互恵関係は両者の価値創造能力を高める。

> ### 3.6　内部監査でみんなを巻き込む方法
>
> - **内部監査員を大勢に増やす**
>   ―主たる内部監査員以外は、規格なんて知らなくてもいいじゃないか……
>   　　必要な力量は、疑問や問題をつかむ力、ムダ・ムラ・ムリを発見する力、それを相手に伝える力
>   ―必ずしも外部研修が必須ではない。
> - **せめてみんなが受ける側に参加する**
>   ―実際に稼動している現場を見れば、おのずとみんなを巻き込むことになる。

　内部監査は、みんなを巻き込んでやりませんかという提言をさせていただきました。実際、内部監査の実施が、上層部や関係者のみで行われているという実態をよく目にしてきました。

　品質マネジメントの原則に「人々の参画」があるからというのもありますが、最前線で働いている人の理解の度合によっては、物事は強力に進み、目標が早く達成される場合があるからです。

　「規格は難しい」、「現場は忙しい」と一蹴するのではなく、平易なものにして働く人々全員に加わってもらうことが重要だと思っています。

　もし、内部監査員という立場で参画させるのはムリというなら、せめて内部監査を受ける側に、どんどん登場させてみてはいかがでしょう。

　私ども、㈶日本科学技術連盟は、「マネジメントシステム監査員検定」という検定試験を開始しました。詳しくは後述しますが、マネジメントシステムが内部監査員の方々はもとより、多くの方々に広く理解され、身近なものになっていけば、より一層みんなで行いあえるものになっていくものと思っています。

> ## 3.7　上の人達だけではわからないこと
>
> - **現場を見なければわからないこと**
>   - —5S（7S）の実態
>   - —不良在庫、不良品識別、活動導線
>   - —ムダ・ムラ・ムリ
> - **みんなを巻き込まないとわからないこと**
>   - —システムへの参画の度合い
>   - —現場の意識、考え、周知徹底の度合
>   - —最前線でつかんでいるお客様の声

　筆者が、現場に重点をおくこと、みんなを巻き込んで行うことが重要だという根拠は上記のとおりです。

　記録を眺めただけでは、現場の5Sの実態はつかめないものです。ムダ・ムラ・ムリがないか、効率のよい動きができそうか、不良品はどのように管理されているか、現場に心配のタネはないかなどは、見に行って初めてわかることが多いものです。環境側面や労働・食品など安全の側面については、側面そのものに漏れがないかどうか、行ってみて目で確かめてわかる場合が多いと思います。

　みんなを巻き込まないと、マネジメントシステムがみんなの参画によって動いているか、現場が何を考えているか、現場の苦労も現場が持っている知恵もわからないものです。また、最前線は、市場に近いことも多く、誰よりも顧客のニーズや期待をつかんでいる場合が少なくありません。

☕ ちょっとコーヒーブレイク

　　　　　　従業員みんなで会社を動かすから会社が強くなる！

　QCサークル活動は、QCサークル本部によれば、「第一線の職場で働く個々の人々が、継続的に製品・サービス・仕事などの質の管理・改善を行う小グループ」と定義づけています。
　QCサークル活動が活発に行われ、デミング賞も受賞している福島県いわき市の「スパリゾートハワイアンズ（旧常磐ハワイアンセンター）」では、ある年のQCサークル活動で、以下のような発表がありました。
　「宴会場のパートさんたち数名が行ったQCサークル活動で、宴会で配膳されるお客様への"さしみ用の醤油"について、量にバラつきがあることに着眼し、ちょうど良い量で定量化を図ったところ、顧客満足度が増すと同時に、ムダにする量が減って、年間相当数の醤油の削減が図れた」というものでした。
　筆者は、この活動にたいへん感動したものです。現場の方々の知恵と工夫が、経営にとって非常に大きいものといえる一例ではないかと思いました。
　ISOマネジメントシステムは、どちらかと言うとトップダウン型の管理手法ですが、QCサークル活動は、まさにボトムアップ型の管理手法といえます。この両方の活動の積み重ねが大きな力の差になって経営の底力になるのです。

4　内部監査運用事例

以下は、ほんの一例……
- 規格要求事項の確認を、3年の間で確認している事例
- 部門の確認を、1年の間で確認している事例
- マニュアルを本社向けと現場向けに分冊し、マニュアルをチェックシートにしている事例
- 緊急事態を環境側面だけでなく、経営上の側面に広げた事例
- 既存の現場チェックを内部監査に取り入れた事例
- リスク（心配事）を内部監査の中心とした事例
- 不適合とクレームの再発防止に重点を置いている事例

　いろいろな組織に、さまざまな内部監査の形がありました。どの事例も、筆者自身が一番勉強になりました。ほんの一端ですが、紹介しようと思います。

　審査員は組織との間で「守秘誓約」を結んでおり、具体的に詳細を語ることはできませんが、ここに紹介するいくつかの事例は、審査員として「このような内部監査のやり方もあるんだなぁ」と感心した、勉強させていただいたことです。また、規格要求事項は広く考えることができるということを教えてくれた事例でもありますので、具体的ではありませんが紹介します。

4.1 事例①

規格要求事項の確認を、3年の間で確認している事例
- その組織は、毎回や毎年、すべての要求事項を確認するという手順ではなく、重要度や状態に応じて、3年間の中で一巡させる手順を持っていた。
- 例えば、製品実現プロセスや監視・測定・改善プロセスは頻繁に、資源プロセスは2回に一度、支援プロセスは3回に一度などである。

部門の確認を、1年の間で確認している事例
- この組織は、部門ごとに頻度を決め、その年度ごとに、重要な部門は頻繁に、重要でない部門は1回のみとしていた。
- 具体的には、ある年は、営業強化を図るために営業部門を3ヶ月に一度、製造部門は、半年に一度とし、ある年は、購買を全面的にレビューするため、購買に重点を絞って実施していた。

　内部監査の目的の1つに、「マネジメントシステム規格の要求事項に適合しているか」という観点からの内部監査があり、規格要求事項になっています。

　このため、多くの審査の場面で、審査員から「すべての要求事項について監査されていますか」という質問が行われ、これまた多くの組織がそれに応えるべく、箇条を追いかける内部監査になっている場合が少なくありません。

　上記で示した内部監査手法は、事例にすぎませんが、内部監査プログラムを年単位、または開催単位で捉え、「時期が来たからやらなければ」という「点」で適合を実証しようとするか、数年間を内部監査プログラムとして策定し、ある括りの中で適合を実証しようとするかによって、規格要求事項確認の頻度は大きく異なってきます。

　また、内部監査で使用する基準文書となるマニュアルやチェックリストなどについても、画一的に捉えるか、相手の部門、内部監査員の立場で捉えるかによって、マニュアルの作成から内部監査チェックリストの作成まで大きく違ってくるのではないかと思います。

4.2 事例②

マニュアルを本社向けと現場向けに分冊し、マニュアルをチェックシートにしている事例
- 本社向けのマニュアルは、規格適合を意識し全部の要求事項に応えたものだが、現場向けのマニュアルは、製品実現と監視・測定を主体として、さらに、規格以上のルールを規定していた。
- そのマニュアルをチェックシートにして、現場パトロールと称して内部監査していた。

緊急事態を環境側面だけでなく、経営上の側面に広げた事例
- この組織は、環境マニュアルの中に、環境側面から導き出した緊急事態に捉われず、事業上の緊急事態を特定し、その対応手順を明確にし、テスト実施と手順のレビューを繰り返していた。
- 具体的には、リスクの大きさと可能性に照らして、労働安全や食品安全、事業継続などの側面の緊急事態を盛り込んでいた。

　緊急事態の対応に関する手順の確立の要求事項は、マネジメントシステムによってまちまちです。しかし、ある規格が要求しているから、その要素の緊急事態を特定して手順を確立し、ある規格は、その要求事項がないから、緊急事態は特定しないし手順も確立しない、というのは、何か変です。品質の緊急事態、情報セキュリティの緊急事態、会計（収支）の緊急事態、営業活動の緊急事態、人的資源の緊急事態などビジネスに潜在する緊急事態はキリがありません。緊急事態の特定と手順の確立、テストの実施などは、規格の要求事項に対応するのではなく、ビジネスとして広く対応することが重要です。

　さて、ISOの活動を機に内部監査を始める場合、一から構築し、これまでやっていた"社内チェック活動"を内部監査に取り入れるという考えをする組織は多くありません。組織によっては、ISOをやるやらないに関わらず、いろいろな形で、定期的な「仕組み」のチェックや「現場」の活動チェックをしているのではないでしょうか。これらを内部監査の中に取り込むことは、非常に現実的な構築方法です。

4.3 事例③

既存の現場チェックを内部監査に取り入れた事例
- この組織は、もともと、現場チェックを丁寧に実施しており、ISOの構築に際して、内部監査の手順を新たに起こさず、適用させた。
- 具体的には、安全パトロール・業務監査・部長診断等を組み合わせたものにしていた。
- 不足していた、システムとしての有効性部分だけのチェックシートを増やしただけであった。
- 社外モニターによるチェックを内部監査の一部にしている事例も……

参考 JIS Q 9000：2006　3.9.1　監査　注記1
「内部監査は、第一者監査と呼ばれることもあり、マネジメントレビュー及びその他の内部目的のために、その組織自体又は代理人によって行われ、その組織の適合を宣言するための基礎としてもよい」

　組織の中には、「心配」のもとがたくさん潜在しています。それらをあぶり出し、実態を現場確認して、改善することは、内部監査の意図にマッチするでしょう。しかし、本気で再発防止に取り組んでいるケースは、意外と少ないように感じます。

　是正処置が、「不適合のもつ影響に応じたものでなければならない」、予防処置が、「起こり得る問題の影響に応じたものでなければならない」と、JIS Q 9001：2008に書かれ、「環境影響に見合ったものであること」とJIS Q 14001：2004に書かれています。このことを「お金がかからない程度に」「面倒でない程度に」と読み替えてしまっていないでしょうか。

　「影響に応じる」とか「影響に見合った」処置を行うためには、影響を想像することが必要であり、小手先の処置では、再発する可能性はきわめて高いと思われます。のちのち、二度手間三度手間、たび重なる対応の数々を考えれば、しっかりとした再発防止や未然防止をうって、資源を使っても歯止めをしておくことが大事ではないでしょうか。

4.4 事例④

リスク（心配事）を内部監査の中心とした事例
- この組織は、予防処置を重視し、事故が起きないための手順、運用が実施され、有効に機能しているかを主眼においている。
- 具体的には、過去の不適合に対して真の歯止めがかかっているかと同時に水平展開されているか、他社事例に基づいた予防が機能しているかを追っていた。

不適合とクレームの再発防止に重点を置いている事例
- この組織は、不適合やクレームがとにかく再発していないか、真の原因の特定や歯止めがかかったかに重点を置いている。
- 不適合やクレームが減ることがコストダウンにつながる、としている。

内部監査においては、それぞれの組織がそれぞれの目的を達するべく、有効に実施させることが一番である思います。内部監査に上手なやり方などないし、標準的なやり方もないのではないでしょうか。

目的を達成するやり方は、多様にあり、形式は一様ではないのです。

☕ ちょっとコーヒーブレイク

形式的な記録づくりは、コストがかかるばかり！

例えば、購買先の評価の記録や顧客要求事項のレビューの記録、自覚教育の記録……。規格要求事項をじっくり読めば、要求事項の満たし方はいろいろあるのではないかと思います。一件一様が必要なのか、規格要求の項目に合わせなければならないのか、じっくり考え、なぜ、そのような評価、そのような記録が必要なのか、どうすれば規格を満たす説明ができるか考えないと、形式的な適合状態にのった、コストばかりかかる記録づくりになってしまいます。

5 審査側の変化

5.1 変わってきている背景

- 認定機関に対する要求事項 ISO/IEC 17011：2004 発行
- 認証機関に対する要求事項 ISO/IEC 17021：2006 発行

　この両規格は、これまでの適合性評価はもとより、有効性に着目した活動の重要性に言及したものである。
　2007年4月、JAB（㈶日本適合性認定協会）から認証審査に対しての考えがHPを通じて公表されている。
　①ビジネス全体の視点からによる審査
　②マネジメントシステムの有効性の審査
　③マネジメントシステム認証機関への認定審査

　さて、それでは、外部審査は、組織の内部監査プロセスに対して、どのような見方をするように変わっていっているでしょうか。

　認証機関は、現在国内では、JAB、JIPDEC（㈶日本情報経済社会推進協会 http://www.jipdec.or.jp/index.html）傘下に約50強、海外に本部があり国内で活動している機関は30とも50ともいわれています。

　認証機関も、今やその審査方針や手順で大きな差別化が必要となってきています。ここでは、当センターが組織の内部監査プロセスをどのように捉え、どのような変化をしつつあるのか。その一端を述べます。

　上記に示したのが、変わってきている背景です。特に影響を与えたのが、認証機関への要求事項であるJIS Q 17021（ISO 17021）の発行でしょう。前にも述べましたが、間をおかずJABは、認証機関における認証審査のあり方をホームページ上で発表しました。

　「組織のマネジメントシステムは1つの観点から、ビジネス全体の視点による審査をする」こと、「有効性に着眼した審査を推進する」ことがその要点でした。

> ### 5.1.1 ㈶日本科学技術連盟 ISO 審査登録センターの"有効性"研究の変遷
>
> 2004～2006 年「正しい審査とよい審査」
> 2007～2008 年「有効性を高める審査」、「経営に貢献する審査」
> 2009 年「規格から逸脱しない審査と有効性を向上させる審査」
> 2010 年「QMS 審査と EMS 審査の融合」
>
> 品質管理シンポジウムによる議論
> ● さらに過去を紐解くと、内部監査の有効性についてではあるが、次の内容がすでに報告されている。

　㈶日本科学技術連盟 ISO 審査登録センターでは、2007 年 4 月の JAB 発表をもって、いきなり有効性に着眼し始めたわけではありません。遡ること 2003 年、つまり ISO 9001 の 2000 年版が発行され、運用が各組織で始まった頃に、当センターでも当時の当センター責任者、館山保彦氏や品質審査室長であった山口雄二郎氏のリードのもと、マネジメントシステムの有効性、審査の有効性について研究を開始しています。

　2004 年から 2006 年にかけて、何度かに分け、「正しい審査とよい審査」と題して、どのような審査を行うことが組織にとってよいのかを、ずいぶんと議論しました。

　ここに、当時当センターの上級管理者であり連盟理事であった故角田克彦氏が書いた「よい審査を行うために！」と題した審査員向けの資料があります。そこに「よい審査」について書いてありますので以下に引用します。

> よい審査とは難しいものである。審査をしてたくさん指摘を出すことがよい審

査なのか、審査をして全然指摘をしないのがよい審査なのか、中途半端な指摘をするのがよい審査なのか難しい問題である。しかし、考えてみれば、審査は依頼者がいて成立し実行したものである。言い換えれば、依頼者のために審査しているのである。だから、よい審査とはお客（依頼者）が満足した審査を言うのではないか。TC 176 の委員長である中央大学の久米教授も「お客（依頼者）が喜んでくれる審査がよい審査である」と言っている。そこで、私たちは、審査の狙いとお客（依頼者）のニーズを考え、常によい審査を心がけることである。

また、審査員について、次のように述べられています。

　審査員は人間であり、審査を受ける相手も人間である。審査は人間が対象であるということを考えなければならない。うっかりすると私たちは規格を相手にしているのではないかと考える。審査員自身が（まるで）規格であるかのように理解させようとする。相手は人間であるから、ゆっくり、ゆっくり、丁寧に話し、理解を求めることが大事である。相手は規格に素人であるから、やられ感のない審査で適合、不適合を受け入れてくれる審査がよいのかも知れない。審査員は偉いのではない。審査員は立派な人ではない。ただの審査員である。

審査員はこのことを肝に銘ずべきであり、内部監査員にも同様のことがいえると思います。

なお、角田理事が当時記した「審査員の態度」と「審査技術の具体的内容」についても以下に引用します。基本事項として審査員にとっても、内部監査員にとっても今でも少なからず勉強になると思います。

●審査員の態度
　① いかにも自分は審査員だ。偉いんだ。という言葉遣い・行動をしないこと。特に気をつけることは、親しくなると言葉遣いが乱暴になる人がいる。
　② 審査員は自慢しないこと。規格を熟知しているなど発言しないこと。必ず反感を持たれる。自分の著書を PR するのは最低である。審査員は報酬を得ているのであるからよく知っているのは当たり前である。
　③ 基本的には審査員は聴くのが 80％、言うのが 20％ である。聞く方法（聞き方）を研究することである。
　④ 質問内容は明確にすること。質問内容を理解してもらう努力をすること。
　⑤ 常に受審側の心理状態を考えて質問すること。
●審査技術の具体的内容
　① 質問したとき相手が黙ったら、同じ質問を言葉を換えて繰り返すこと。

質問したとき相手が黙っていたら次へ行かないこと。言葉を換えて質問すること。黙っているのは、答えられない何かがあるのか知らないかであるから。
② 質問したときにすぐ書類が出ないときには忘れないようにメモを残しておくこと。
書類が出るのが遅い場合には、次の質問の書類も用意させること。この時間帯を書類を持ってくる時間とすること。「後で確認する」といったら忘れないこと。メモしておくこと。
③ 追求しているのに急に途中で審査を止めないこと。証拠を最後まで追求すること。
特に、結果を推定して、あるいは結果を想像して追求を止めないこと。
審査員は事実で審査することを基本とすること。しかし、推定は想像ではなくして代用特性を見て判断すること。そのとき、代用特性が正しいかどうかで決まる。
④ ある要求事項の項目が「該当するかどうか」を質問しないこと。「該当するかどうか」は専門性を発揮して検討すること。もし、迷ったときは審査員ミーティングで検討すること。受審側から見れば、「該当しない」、「必要がない」と答えるのが普通である。
⑤ 質問の方法には「オープン クエスチョン」と「クローズド クエスチョン」がある。
　a）「オープン クエスチョン」とは回答に説明が必要になる質問の方法。
　　（例）内部品質監査の計画はどの様にやっていますか。
　b）「クローズド クエスチョン」とは、回答がはい、いいえで終わる質問の方法。
　　（例）内部品質監査は計画どおり実施していますね。
もちろん「オープン クエスチョン」で進めることがよい。
⑥ 誘導質問はしないこと。
特に指摘になるような誘導をしないこと。
⑦ 何かおかしいと勘が働いたときは追求することである。勘が働いたときは立ち止まることである。つながりがうまく行かないときによく起きる。
⑧ 質問は流れるようにすることがよい。項目を飛び越えて他の項目へ行くのはよいが、元の項目に戻ることを忘れないことである。そのためにはチェックシートに書き込むことである。チェックシートはどんな情報でも書き込むことである。後で役に立つ。
⑨ 指摘事項はできる限りすぐに発行することである。注記にするか、指摘にするか、没にするかは後で決めればよい。やむなく後で発行する場合は、必ず指摘事項票を発行することについて納得を得ておくこと。

⑩　指摘は規格、基準に沿って行うこと。大切なことは、細かいことを取り上げるより、基本をしっかりと掴んで、指摘をすること。規格の基本を掴んで審査することはよい。
　　深みのある審査を実施する。重箱の隅をつつくような審査はしないこと。規格の狙いを考えること。大切なことはその会社のためになるような指摘をすること。
　　（悪い例）周知徹底のために貼り出された品質方針のポスターに経営幹部の印がないと指摘するようなもの。
⑪　規格を自己流に掘り下げないこと。特に自分の専門性の部門は気をつけること。規格に書かれていない内容で審査していることがある。審査員ミーティングで検討することである。迷ったときにはこの条文の狙いは何かを検討することが大切である。
⑫　審査は審査側で主導を持つこと。特に審査箇所のサンプルは審査側で決定すること。
⑬　審査項目・審査内容などの漏れが発見されたら直ちにその内容に戻って審査すること。大きな変更が伴うときに対しては相手の立場もあるのでリーダーに報告し処置を依頼すること。

　ちなみに、当センターでは、現在センター責任者である上窪均所長が定めた次の「審査員心得十箇条」というのがあります。

- お客様第一の考え方を持つこと。
- 時間には厳格に、規格には厳密に、そしてシステムには柔軟に対処すること。
- 公正であり、信用でき、誠実で、正直で、そして分別があること。
- 自慢せず、心が広いこと。自分だけの審査にならないこと。
- 人と上手に接することができるよう外交的であること。
- 挨拶は適切に、礼儀正しくし横柄な態度や言動はとらないこと。
- 規律やルールを守ること。他人に厳しく自分に優しくならないこと。
- 服装をくずさず、華美で嫌みを感じさせるようにならないこと。
- 贈品や接待を受けたり審査員としての品格を損なう行動はとらないこと。
- ISO審査登録センターの審査チームの一員であることを意識すること。

5.1.2 内部監査の有効性についての議論を振り返ってみる

第66回品質管理シンポジウム
テーマ「ISO 9000規格による品質管理」
開催日:1998年6月4日～6日　会場:箱根ホテル小涌園
(敬称略)

内容	講演者
ISO 9000について	久米均 (中央大学教授)
品質管理の国際規格と日本の役割	狩野紀昭 (東京理科大学教授)
わが社におけるISO 9000規格による審査登録制度の活用 ―購入者の立場から	福丸典芳 (日本電信電話)
わが社におけるISO 9000規格による審査登録制度の活用 ―供給者の立場から	奥山憲一 (住電ハイプレシジョン)
わが社におけるISO 9000規格による審査登録制度の活用 ―供給者の立場から	Dale J Misczynski (Motorola Inc.)

さて、内部監査の有効性について振り返ってみた時、ISO 9001の2000年版が発行される2年前に遡ることができます。

箱根ホテル小涌園で行われた「第66回品質管理シンポジウム」で、その席上、日本の組織（当時は"供給者"と言っていました）から代表して、住電ハイプレシジョン㈱の奥山憲一氏から、次の発表がありました。

これは、有効な内部監査活動に関する発表で、すでに組織は、当時から有効性を意識した活動を研究していたことがわかる事例です。日本側組織を代表して発表された住電ハイプレシジョン㈱の奥山憲一氏の報告を次に紹介します。

内部監査の有効性

　当初の内部監査は規格適合性に重点が置かれ"承認印が抜けている""実態が規定化されていない"など、このまま進めば粗さがしに終始する危険性もあった。

　監査・審査で発生する費用は、年間500万円は下らず、企業として「費用対効果」を考えた時、ミス・不良による損金を減らす有効性を重視した内部監査チェ

> ックシート作りに重点を移し、意義のある内部監査を心掛けている。加えて業務改善的な内容も本システム内に取り入れ試行中である。
> 　具体的には、監査員が日頃、システム上"問題だ、無駄だ"と思われる事を監査時のチェックシートに盛り込み、オブザベーションとして指摘し改善を進めていく方法で、事例研究会に取り上げ、トップ判断で業務を改善し、大きく前進した事例が多い。
> 　例えば、「設備日常点検簿の項目、頻度見直し」「製造記録でのＶマーク見直し」「課をまたがって重複している業務の統合化」「効率化、ミス防止のための課間業務内容見直し」「計測器・設備の管理区分見直しによる校正費・保守費の低減」等内部品質監査の運用を固定化せず、体質改善につながるあらゆる問題解決の一手段として活用すればよいし、長続きすると思っている。

　当時の品質管理に関する資料をいろいろと紐解くと、随所に日本におけるISOの普及と審査に関するものが出てきます。

　驚かされるのは、今もいろいろと議論になっている問題が当時からずいぶん話し合われていたということです。例えば、有効性、求められる成果、組織の求める審査、第三者審査の問題点、組織の悩みなどについてです。

　日本においては、貿易上の観点からのISO認証というより、組織が国内で活動する上で、日本に馴染みのなかったマネジメントシステムを取り入れ、もともと強かった日本の品質管理をより支えるものとして普及させたいという考えが大いにあったようです。

第1章 効果を導く内部監査の実践

> ### 5.1.3 求められている「有効性審査」
>
> 認証機関に要求される審査に対する規定でも、有効性が求められている。
> IAF MD 5：2009「QMS及びEMS審査の工数のためのIAF基準文書」
> 「2.3 CABは、依頼者のすべての活動範囲が最もよく実証される審査のタイミングについて、審査対象の組織と合意しなければならない」
>
> これは、実態を見る審査を求めていることでもある。
> - 冬場、現場運用のない時期の建設・土木業への審査は有効だろうか。
> - 整備点検や出庫点呼の実体を見ない輸送業、運送業への審査は有効だろうか。
> - 飲食店、小売店で事務所だけの審査は有効だろうか。

認証機関に求められている規格については、あまり知られていないと思います。一部、紹介しましょう。

■ JIS Q 17021（ISO/IEC 17021）
　「適合性評価―MSの審査及び認証を行う機関に対する要求事項」
　直近では、審査員の力量に関する要求事項が盛り込まれた2011年版が発行されました。

■ IAF MD 1
　「サンプリングに基づく多数サイトの認証のためのIAF基準文書」

■ IAF MD 2
　「認定されたマネジメントシステム認証の移転のためのIAF基準文書」

■ IAF MD 3
　「先進的サーベイランス・再認証手順のためのIAF基準文書」

■ IAF MD 4
　「認定されたマネジメントシステム認証のためのコンピュータを使った

　　　　審査技法利用のためのIAF基準文書」
　■IAF MD 5
　　　　「QMS及びEMS審査の工数のためのIAF基準文書」
　これらは、いずれも国際文書として発行されています。さらに国内においてはJABやJIPDECから複数の国内向け基準文書が発行されています。これらの基準文書の下で、認証機関は適切な認証活動を求められているというわけです。

　上記枠内に記したことは、ここに示した基準文書の1つ「IAF MD 5」にもとづく世の中の審査の懸念点と当センターとしての有効性向上に向けた取組みを述べたものです。

☕ ちょっとコーヒーブレイク

規格には認定機関やコンサルタントを対象としたものもあります

あまり馴染みはないと思いますが、以下の規格が発行されています。

■ JIS Q 17011 (ISO/IEC 17011)「適合性評価－適合性評価機関の認定を行う機関に対する一般要求事項」

　これはJABやJIPDECなどの認定機関に対して求めた要求事項規格です。もちろん認定機関にも"公平性""客観性""機関の要員や認定審査員の力量"などが求められています。

■ JIS Q 10019 (ISO 10019)「品質マネジメントシステムコンサルタントの選定及びそのサービスの利用のための指針」

　これは組織が品質マネジメントシステムコンサルタントを選択し利用する際の指針を定めた規格です。

　例えば、「5.3 コンサルタントサービスの有用な考慮事項」では、「結果として構築したシステムが、不必要な管理及び文書を生じさせないことが望ましい」「コンサルティングサービスは、組織の文化、従業員の力量、及び既存のプロセス及び／又は文書に基づいていることが望ましい」という文言も記されています。

5.2　1つのマネジメントシステムへの融合

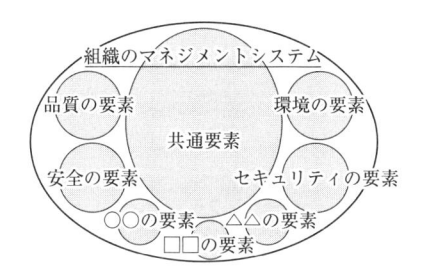

組織のマネジメントシステム
- 品質の要素
- 環境の要素
- 共通要素
- 安全の要素
- セキュリティの要素
- ○○の要素
- △△の要素
- □□の要素

㈶日本科学技術連盟ISO審査登録センターでは、「組織のマネジメントシステムは1つ」の考えのもと、各マネジメントシステム活動の融合を推し進めている。
① すべてのマネジメントシステムの審査員研修会の合同開催
② 「QMS審査におけるEMSの視点、EMS審査におけるQMSの視点」の研鑽
③ 審査実施手順、審査技術の共有化

　2013年、ISO/TMB-JTCGによってマネジメントシステム規格策定グループ向けの業務指針MSS共通テキストが発行され、その後に発行または改正する要求事項規格は、すべてこの共通テキスト仕様にもとづかなければならないことが決定されました。詳細は改めて後述しますが、そのような流れの中にあっても、それぞれのマネジメントシステムは、それぞれのISO/TCで開発され、改正議論され、発行されて制度運用されています。

　よってマネジメントシステムの研究も、まだまだ各種別ごとに行われているのが実態です。JABでは、品質、環境、食品安全、労働安全衛生など複数のマネジメントシステムの認証機関認定を行い、同時の認定審査を始めていますが、一般を対象とした"公開討論会"や"ISO大会"は、各々個別に開催実施されており、一緒に（MS統合的に）考えるような機会はつくっていませんでした。2013年よりやっと一元化したシンポジウムとして開催するようになりました。また、審査員評価登録機関のシンポジウムも、個々の機関がそれぞれのテーマで行われているのが現状です。JACB（マネジメントシステム認証機

関協議会）内に設置された技術委員会もまた、MS 種別ごとに技術議論され、1 つのマネジメントシステムとしての技術議論には至っていません。さらに、品質管理学会でも ISO マネジメントシステムの研究は永く行われているものの、いまだ品質に主眼が置かれ、これまた MS 統合の研究は多少行われているに過ぎないのが現状です。

　このような中で、認証登録組織の多くが、複数の種別のマネジメントシステム活動をし、MS 統合の形で審査受審するようになってきています。そこには、当たり前ではありますが、例えば品質の視点をもって環境マネジメントシステム活動を見る、環境の視点をもって品質マネジメントシステムを見ることの必要性、重要性が見えてきました。もちろん、食品安全の視点をもった品質・環境マネジメントシステム活動、品質・環境の視点をもった労働安全衛生マネジメントシステム活動を見ていくなどもまた同様でしょう。

　品質だけを追いかけることによる環境や安全のリスク、環境だけを追いかけることによる品質や安全のリスク、安全だけを追いかけることによる品質や環境のリスクなどは避けなければなりませんし、通常ビジネスの現場では、さまざまな側面を考慮した活動になっているはずです。

　審査だけ、あるいは内部監査だけ、ある側面にだけ特化して行うのは、たいへん不合理でナンセンスではないかと思っています。上記枠で記したように、当センターでは、組織のマネジメントシステムは 1 つという考えのもと、さまざまに共有しあう手順へと変更しつつあります。

　このような背景の中で、2013 年には IAF（国際認定機関フォーラム）から、筆者が待ち望んでいた「統合マネジメントシステムの審査における ISO 17021 適用」という、MS 統合審査の指針が発行されました。少しずつながら、組織のマネジメントシステムを複合的な視点で見られる方向に進んでいることは何よりです。

6 滅入る活動から楽しむ活動へ

6.1 内部監査を楽しくするには①

- 用語は自分たちなりに……
  - 内部監査や不適合という用語にこだわらない。
  - 規格の用語も自分たちなりに言い換える。
- 手順は自分たちなりに……
  - 内部監査は、健康診断。簡単検診もあれば一泊二日ドックもある。問題が見つかっても経過観察もある。
  リスクによっては、1人の医者の診断でなく医師団で診断する。

　楽しく明るく内部監査を行っているという組織に出会ったことがありません。内部監査は、本質的に楽しくない暗い活動なのでしょうか。

　少なくともマネジメントシステムは、みんなで参画するものだと思っていますし、内部監査もまた、みんなで行うのが望ましいと思っています。

　使う言葉は、自分たちが普段使っている言葉でよいと思います。内部監査の手順も自分たちなりに考えればよいでしょう。自分たちで必要性を感じ、必要に迫られた動機こそ必要なのです。

　文書化のあり方については、第2章で詳しく述べますが、規格から離れて、自分たちの使い勝手のよい章立て、構成でよいし、主語についても、規格にあわせることなく、例えば「私どもは」でもよいし「手前どもは」「弊社では」など、外部向け視点で表すのもよいでしょう。また、「製造」という言葉は、例えば、「制作」、「サービス提供」、「施工」など、業界で使う言葉に置き換えるのも一つです。それだけで、ずっと親しみのある、わかりやすいマネジメントシステムになるのではないかと思います。

6.2　内部監査を楽しくするには②

- ● 問題点を減らし改善することのメリットを共有
  - ―品質が安定する、品質が上がる楽しみ
  - ―ムダ・ムラ・ムリが減る楽しみ
  - ―自社のイメージがアップする楽しみ
  - ―活路を見出す楽しみ
- ● 顧客や従業員に還元される活動へ
  - ―コストが下がれば、物の価格も下げられる。
  - ―計画どおりいったなら、従業員に還元する（表彰や報償と結びつける）。

　マネジメントシステムを運用することで、「こんなによくなった」という実感をみんなで共有できたら、どんなによいことでしょうか。

　地域で表彰された、お客様にほめられた、業界で有名になった……。このような喜びの共有もよし、売り上げが伸びた、単価が上がった、給与が増えた……という嬉しさの共有もよし。マネジメントシステムをやっていなかったら、新しい活動は見いだせなかったね……という感慨の共有もよしです。

　ビジネスにおいて、コストを適正に保つことは事業を継続する上で必須です。そのコストには、相当のムダ・ムラが潜在していることが少なくありません。マネジメントシステムの構築・運用・維持にも相当のコストがかかっているはずで、ここを適正なコストで維持するのも、当たり前のことでしょう。

　環境の審査に行って、何度か、「マネジメントシステムの活動が、一番環境に負荷のかかる側面かも知れませんね」と申し上げたことがあります。社内通常活動用とISO対応用のダブルスタンダードで活動し、帳票を適合用に作成し、誰もが簡単にできる手順を難しく文書化し、内部監査や審査前にバタバタ

第1章　効果を導く内部監査の実践

と整合させるなどの動きをすればするほど、環境負荷がかかっているように思えてなりません。

また、これら一切のコストが、製品価格の設定につながり、消費者が支払う価格になっていることを、経営的センスで、内部監査員も、制度関係者も認識しなければならないと思っています。

マネジメントシステムをISOに添って構築し運用することと、第三者認証を受けることは別物との考えもできますが、現実的には、同じであると考えなくてはならないと思います。

内部監査活動を滅入らずに楽しく推進する上で、参画する人々のモチベーションはかかせません。そのモチベーションアップのために、提言したい内容が規格にもありますので、以下に引用します。

JIS Q 9024：2003
- 5.3.2　評価

　トップマネジメントは、継続的改善の目標達成に対する組織の人々の動機付け、満足度向上にも貢献できるよう、パフォーマンス改善の結果に対して、報奨する制度などによって評価することが望ましい。

　報奨する制度は、効果的かつ効率的に運営するために、業務分担及び役割に応じたパフォーマンスレベル及び評価を明示した、公正性、透明性を持った仕組みとするとよい。

- 5.3.3　提案制度

　トップマネジメントは、継続的改善に対する組織の人々の動機付け、及び問題に対する改善提案を進めるために提案制度を作ることが望ましい。

　提案制度は、提案件数及び提案内容の質を確保するために、報奨する制度を取り入れ、提案に対する効果の大きさ及び件数に応じて評価する仕組みとするとよい。また、優秀な提案は公開し、組織内で成果の共有化を図るとよい。

- 5.1　継続的改善の課題

　組織は、問題の発生によって改善機会が現れるのを待つよりも、効果的かつ効率的な改善を継続的に追及することが望ましい。

JIS Q 9023：2003
- 4.3.3　方針の実施状況の確認及び処置

　　組織は、目標が達成されない、又は方策が計画どおり実施されないような現象を早期に発見できる仕組みを作っておくことが望ましい。

モチベーションアップのために提言したいこと、それは、以下の4つです。
 ① きちんと評価し、報奨する環境風土をつくる。
 ② 気軽に提案できる、提案させる環境風土をつくる。
 ③ 改善の機会は待たずに追求させる環境風土をつくる。
 ④ うまくいっていないことに早く気づく環境風土をつくる。
すでに、このようなことが、JIS Q 9000ファミリー規格の中に記されています。

詳細は、第3章で述べますが、規格を少し紹介しておきます。

JIS Q 9023：2003、JIS Q 9024：2003は「マネジメントシステムのパフォーマンス改善」に向けた指針規格で、JIS Q 9023が「方針によるマネジメントの指針」、JIS Q 9024が「継続的改善の手順及び技法の指針」です。

これらの規格の「序文」では、「組織がその使命を果たし、競争優位を維持して持続可能な成長を実現するためには、組織の提供する製品の価値に対して顧客及びその他の利害関係者の満足を得ることによって、存在意義を高めることが不可欠である。そのために、組織は、環境の変化に俊敏に適応し、効果的、かつ、効率的に組織の総合的なパフォーマンスを改善し、顧客及びその他の利害関係者のニーズ及び期待に応えて、高い顧客価値を創造していくことが必要である。この規格は、組織のマネジメントシステムのパフォーマンスを効果的、かつ、効率的に改善していくための支援技法として、マネジメントシステムのスパイラルアップを図る手引を提供している」と記されています。

特に、方針展開については、「方針によるマネジメントシステムは、組織における品質、コスト、納期、量、安全、環境を含む運営管理での重要な要素について、その目的達成のための活動と整合するとよい」としています。

> ### 6.3 内部監査のもともと
>
> - わが国の文化では、内部監査という言葉も、その活動概念もなく、ISOマネジメントシステムの導入によってもたらされたものという話をよく聞く。内部監査はもともと組織内におけるチェック体制の1つであり、改善の機会を創出しようとした品質管理活動（TQM）の1つの要素といえる。
> - 品質はプロセスまたは源流でつくりこみ、その成果をみんなで共有し、人々の参画によって提案・改善が図られ、それが、消費者や組織の人々に還元されていくことが、望ましい。
> - 形ですすめる内部監査からぜひ脱してほしいと、審査登録機関の一員としても望んでいる。

　内部監査という言葉は、ISOマネジメントシステムの活動で初めて聞いた言葉だという声をよく聞きます。

　日本においては、"会計監査"とか"業務監査"とか、または"税務監査"というような言葉は古くからあります。これらの言葉から、監査という言葉がある意味、「悪さを見つける」、「悪さを見つけられる」というイメージとつなげられて、あまりよい印象がないスタートになったようにも感じます。

　もともと、監査も審査も、その言葉は、適合性を評価するというよりも、悪さを検出するに等しい使われ方をしていたのですから、その新しい言葉のもつ意味の理解が進まないのは文化的にやむを得ないような感じもします。

　かたや、品質管理においては、早くから、「診断」という言葉を用い、健康診断と同じく、健康状態を確認するというイメージをもって広がっていきました。品質診断、品質経営診断、トップ診断などと呼んで、品質管理がうまくまわっているかチェックする文化が、TQMを導入した組織で培われてきたものです。

内部監査という言葉はともかく、仕組みをチェックし、うまくまわっていることを確認する活動は、決して新しいことではないといえると思います。

　「品質はプロセスでつくりこむ」という言葉があります。

　ISOマネジメントシステムの導入で初めて「プロセス」という言葉を知り、「プロセス」という言葉に悩まされた組織も多いと思いますが、「品質はプロセスで作りこむ」という言葉は、すんなり理解いただけるのではないでしょうか。

　特に、この「品質はプロセスでつくりこむ」という思想は、いくら後工程でまたは最終で検査があるとしても、次工程に迷惑をかけない、良品を次工程に送り込むということについて、そのような活動をすることは、プロセスでつくりこむ製品品質の安定性を担保することであるから、品質マネジメントシステムの7.5.2「プロセスの妥当性確認」の要求事項につながるともいえ、当センターでは、品質マネジメントシステムにおいて、最終検査で製品品質が検証できるとしても、プロセスの妥当性確認は推奨するようにしています。

> ### ☕ ちょっとコーヒーブレイク
>
> #### 被災地の組織も手順どおりに内部監査をしなければならないか
>
> 　ある日、2011年3月11日の東日本大震災を受け、事業所の1つが東北の被災地にあるという建設系の組織から、以下のような質問が寄せられました。
>
> 　「建物が損壊し、従業員の一部も避難している状況下でも、手順に年に一度は内部監査を実施すると規定し現地に出向くこととしている場合、これを行わないと審査員から不適合を指摘され、場合によっては認証取り消しになりませんか」
>
> 　このような心配をされる組織があるのがこの制度の現実なのかも知れません。
>
> 　規格対応が先なのか、現実対応が先なのか、組織も認証機関・認定機関も審査員もよく考えてみる必要があるでしょう。
>
> 　イレギュラーな事態、特に想像を超える非常時においては、特別措置を定めて対応するという柔軟さは、いつでもビジネスには求められているはずです。
>
> 　本制度は国際的に通用する説明責任が求められますが、起きている事態がこれまでの経験にないことであればあるほど、都度率先して特別措置を講じることも必要ではないかと思います。
>
> 　「社会のニーズや期待に応えることこそが、今求められる」と当該組織には回答しました。

> ## 6.4　マネジメントシステムのことが誰にでもわかる
>
> ### マネジメントシステム監査員検定受験は、その一歩
> 　これまでは、マネジメントシステムの知識は、あまりにも難しく、トップマネジメントや管理職だけのものではなかっただろうか。
> 　基礎的なことが誰しもわかるとなれば、より一層共通の言語となって、組織全体の力を生み、ボトムアップによる改善提案が増す。
> - 漢字検定や英語検定は、小学生以下の子供たちも多く受験している。また、秘書検定は、女子学生の必須になるほど広範囲に拡がった。
> - マネジメントシステム監査員検定も、必ずしも関係者だけに留まらず、多くの人々に拡がることで、一層平易な一般的なものに普及していくことにつながればと思っている。

　P. F. ドラッカーの著書『マネジメント』をわかりやすく解説した書籍『もし高校野球の女子マネージャーがドラッカーの「マネジメント」を読んだら』(『もしドラ』)(岩崎夏海著、ダイヤモンド社)が飛ぶように売れ、ついには映画化されました。そのくらい、マネジメントは一般の方々も興味を持ちやすく、関心か高いものになったと思ったものです。組織に勤める人々のすべてが、マネジメントのことがわかり、その考えを共有して経営者とともに事業に取り組んだら、どんなにすばらしいことでしょう。

　人としてのたしなみ、マナーのために、学生がテーブルマナーを学び、または女子学生が秘書検定を学び、受験し合格して社会に出ていきます。同じように、マネジメントシステムも、新社会人が、1つのたしなみとして、その概要をつかみ、仕組みの知識をもって社会に出てきてくれたら、どんなによいことでしょう。

　㈶日本科学技術連盟 ISO 審査登録センターでは、組織の方々がマネジメントシステムの内部監査の運用に四苦八苦されている姿を見て、内部監査員の

方々の知識向上、地位の向上を目指して、マネジメントシステム監査員検定を開始しました。やがては、全国展開し、社会人や学生の必須検定へと発展することを願っています。

ちょっとコーヒーブレイク

参考になる支援文書— APG 文書

　本書では、公開されているマネジメントシステムにかかわる文書をいろいろ紹介しています。ここでは「APG 文書」を紹介します。
　APG 文書は、品質マネジメントシステムに携わる学識経験者、実践者らで構成された審査実務（審査の方法論など）を研究しているチームが発行しているもので、2011 年 5 月現在、42 の文書が発行されています。「プロセスアプローチ理解」、「トップマネジメントプロセス」、「法規制」、「サービス組織審査」、「肝心なのはアウトプット」など、興味深い文書がたくさんあります。
　JACB（日本マネジメントシステム認証機関協議会）のホームページから和訳された文書を入手することができます。
　URL　http://www.jacb.jp/apg.html

第1章に関するQ&A

このセッションで講演を行った時に、会場からいくつか質問が寄せられました。そのQ&Aを紹介いたします。

質問①
- 有効性を高めた内部監査にしていきたいと思っているが、外部審査までの間では、なかなか全面的な手順改訂、運用変更ができない。外部審査で、その時点での整合性を問われ、不適合になるのが常に心配で、前に進まない。
  - →前に進むことが重要である。マネジメントシステムの運用は審査のための活動ではない。一時的な不整合であり、パフォーマンス向上に向けて現在進行中であるなら、審査員は理解するはず。審査時を終点、起点とした運用ではないはずである。お互いにシナリオをもって前進していく姿を模索したい。

質問②
- 内部監査員には、必ず規格の知識がなければならないと思っていた。監査員を育てるポイントは？
  - →そう規定したからそうなのであって、これもまた、どのような内部監査をすることが自社にとって有効なのかを追求していく中で、ある監査員に、どのような見方をさせるかがはっきりすれば、必要な力量が見えてくるはずである。利害関係者の目線に立った方がよい見方ができるものである。

質問③
- 自分たちの用語や言葉遣いを使用したマニュアルや記録にしていきたいが、規格と合っていないと指摘を受ける心配がある。
- 規格と同じ章立てでないマニュアルには、対応表を出すようにいわれた。
  - →自分たちの業態、業界、会社としての用語を使用し、置き換えていくことはむしろ歓迎したい。実際に多くの事例がある。
  - →規格に対応したシステムになっているかを実地で判断するのが審査員の勤

め。審査員の力量である。

質問④
- 方法を審査員に聞くと、すぐにコンサルタントはできないといわれてしまうが、もっと教えてほしい。
  - →方法を……と聞くから、審査員は話せない。固有の助言はできない。しかし規格の解釈や意図、目的、公開されている情報や複数の事例を話すことは可能。あくまでも組織に考えていただくことが大事であり、これを踏まえて、組織としても審査員への聞き出し方を考えるとよい。

質問⑤
- 百貨店の中でブライダル専門の美容室を運営している。環境マネジメントシステムに取り組んでいるが、紙・ゴミ・電気の活動には滅入っている。経営と何ら結びついていないが品質の活動も環境の活動として見ていいか。
  - →品質の活動は、結果的に環境の活動につながっていると考えている。美容という業種の目標が、いかに薄化粧で目的を達するか、いかに肌によい（悪くない）化粧品を使用するかということであるなら、その技術を追求することは、化粧品の量・質ともに環境負荷をかけない方向に一致すると思われる。また、美容師の力量の向上が、化粧素材の研究や、早く・丁寧に・最小限での仕上げの研究につながり、それこそが環境に有益な活動、かつクオリティコントロールであると思う。

第2章
効果を高める
マネジメントマニュアル（文書化）のあり方

　第2章では、どの組織も通常作成されているマニュアルを主体に、マネジメントシステムにおける文書化について、その構築と活用を述べます。

1 よく耳にし、目にする話

- マニュアルは規格の裏返しのみで普段は書棚にならべている。
- 事務局の手中にあり、現場向けのものではない。
- 規格用語を使っていて、馴染まない。
- 今までの文書を活かさずに、規格適合用の文書をつくった。
- 規格の構成や順番にとらわれて、仕事の構成や順番に馴染まない。
- 重くつくった文書のほとんどが今では埃をかぶっている。
- マネジメントシステムごとの文書システムがあり、統合できないでいる。

　マネジメントシステムを構築、運用している組織の中でも、活動が長い組織は、既に十数年以上経過していますが、短い組織では、まさに現在構築中といった具合です。

　品質マネジメントシステムでいうならば、1994年版規格の頃に構築された組織は、当時の文書化要求に応えた文書システムの重さに多くが悩まれ、2000年版が発行されても、それを引きずっています。一方、2000年版になってから構築された組織は、中には、4ページのマニュアルで進める組織もあります。文書化が進んでいる組織ほど、活用していない規定を多く有していることが少なくないようです。

　結果として、手順を文書化するということに、組織が翻弄されているような気がしてなりません。現場において、手順が安定し、作業について当面は何の問題もないプロセスが、組織の中にはたくさん存在するでしょう。文書化の必要性は、あくまで組織が判断すべきです。組織が、自分たちのマネジメントシステムの文書化の程度について、きちんと考えていくことが何より大切です。

2 文書化に関する規格、指針を振り返ろう

JIS Q 9000：2006（ISO 9000：2005）3.7.4
　品質マニュアル（quality manual）
　組織の品質マネジメントシステムを規定する文書。
　注記　個々の組織の規模及び複雑さに応じて、品質マニュアルの詳細及び書
　　　　式は変わり得る。
JIS Q 9001：2008（ISO 9001：2008）4.2.2
　組織は、次の事項を含む品質マニュアルを作成し、維持しなければならない。
　a）品質マネジメントシステムの適用範囲。除外がある場合には、除外の詳
　　　細、及び除外を正当とする理由
　b）品質マネジメントシステムについて確立された"文書化された手順"又は
　　　それらを参照できる情報
　c）品質マネジメントシステムのプロセス間の相互関係に関する記述

　実は、筆者自身、「"規格屋"にはなりたくない」といろいろなところでいい続けている１人です。規格で物事を語るのは、本当に好きではありません。規格を持ちだすのは最小限にしたいというのが、筆者の本心です。

　そうはいっても、ここでマニュアルのあり方、文書化について、自分の想いを伝えるのに、規格に、そして周辺の情報に触れずには語れませんので、できる限り最小の引用にとどめながら、述べます。

　普段の組織内での活動に、規格を持ちだすことはあまりないでしょうし、また、規格の勉強といったら、構築時にするぐらいではないかと思います。ましてや周辺情報に至っては、第三者審査関係者でさえ、うとい場合がありますから、関心や興味をもって、改めて読んでいただければと思います。

　なお、いろいろな種別のマネジメントシステムにおいて、文書化の要求事項は多少異なりますが、文書管理に関する要求事項はほぼ同じですので、品質マネジメントシステムを主体に述べます。

2.1 手順の文書化は、規格要求自体に変遷がある

- 規格は、前述した品質マニュアルの作成に加え、
JIS Q 9001：2008（ISO 9001：2008） 4.2.1
　品質マネジメントシステムの文書には、次の事項を含めなければならない。
　　c）この規格が要求する"文書化された手順"及び記録
　　d）組織内のプロセスの効果的な計画、運用及び管理を確実に実施するために、組織が必要と決定した記録を含む文書
1994年版規格を振り返ってみると……
JIS Z 9901：1998（ISO 9001：1994）
4.2.1 一般
　供給者（組織）は、この規格の要求事項をカバーする品質マニュアルを作成すること。
　参考6　品質マニュアルについての指針は、ISO 10013に示されている。

　求めるもの、求められるものは、時代の移り変わりの中で、変わります。マネジメントシステム規格も、その1つです。

　ある時代には要求したが、別の時代には要求しない、という事項があるのは、ごく自然です。

　ただし、マネジメントシステムは、どのような業種、規模、国にも適用できる汎用性の高いものですから、解釈、つまり要求事項に対する使い方を一歩違えれば、「そこまで要求していない」ことが、あたかも要求しているように運用されてしまうこともあれば、その逆もあると思います。

　心配なのは、さまざまな指針や既存解釈、既存となった運用例が、独り歩きし、一律的にそれが適合標準であるかのように捉えられてしまうことです。

　ここでは、要求事項を記している規格の他に、周辺規格や指針を、あえて引用し、多くの組織が動いた姿に迫ってみました。

　JIS Z 9901：1998（ISO 9001：1994）で引用されていたISO 10013は、「品質マニュアル作成のための指針」としてISO/TC176から発行されたもので、

第2章 効果を高めるマネジメントマニュアル（文書化）のあり方

1994年版ISO 9001に取り組んだ多くの組織は、当時の最新版であった1995年版を参考にしていました。これはこの規格の存在を知っていた研修機関や一部のISO構築支援コンサルタントの方々の指導のもと、ほぼ一律にこのガイドラインに従って行ったものと推測されます。

ちなみに、ISO 9000ファミリーとされる規格の中には、図表2.1で示したものがISOから発行されていますが、JIS化されていない規格も目立ちます。

図表2.1では、品質マネジメントシステムISO 9000ファミリー規格のいくつかを紹介しましたが、環境マネジメントシステム、情報セキュリティマネジ

図表2.1　ISO 9000ファミリー規格

規格番号	規格名称
ISO 10005：2005	品質マネジメントシステム－品質計画書の指針
ISO 10006：2003	品質マネジメントシステム－プロジェクトにおける品質マネジメントの指針（JIS発行済）
ISO 10007：2003	品質マネジメントシステム－構成管理の指針
ISO 10001：2007	品質マネジメント－顧客満足－組織における行動規範の指針（JIS発行済）
ISO 10002：2004	品質マネジメント－顧客満足－組織における苦情対応のための指針（JIS発行済）
ISO 10003：2007	品質マネジメント－顧客満足－組織の外部における紛争解決のための指針（JIS発行済）
ISO/TS 10004	品質マネジメント－顧客満足－監視及び測定に関する指針
ISO 10008	品質マネジメント－顧客満足－企業・消費者間電子商取引の指針
ISO 10012：2003	計測マネジメントシステム－測定プロセス及び測定機器の要求事項
ISO 10014：2006	品質マネジメント－財務的及び経済的便益を実現するための指針
ISO 10015：1999	品質マネジメント－教育訓練の指針
ISO/TR 10017：2003	ISO 9001：2000のための統計的手法に関する指針
ISO 10018	品質マネジメントシステム－手引－人々の参画及び力量
ISO 10019：2005	品質マネジメントシステムコンサルタントの選定及びそのサービス利用のための指針（JIS発行済）

（出典）㈶日本規格協会HP

メントシステム、食品安全マネジメントシステムなどについても、それぞれ要求事項規格の周辺に、多くの指針規格が発行されています。これらの周辺規格をご存じない方も多いのではないでしょうか。

ISO 9001 における文書化を要求している箇条の比較をしてみました（図表2.2）。これを見ると、1994 年版での要求がいかに多かったかが、わかります。

これらの規定が、2000 年版で要求されなくなった段階で、埃をかぶった陳腐化した文書になっていった例が少なくないでしょう。本来であれば、レビューし、廃止文書としたり、上位文書と一体化させたり、維持したりしなければなりません。もし、そのままになってしまっているとすれば、もともと文書化が不要だったのかも知れません。業種によっては、無理して文書化したケースがあったことは容易に想像できます。規格の要求は、変わっていくものなのです。

図表 2.2　文書化が要求された手順の比較

ISO 9001：1994	ISO 9001：2008
契約内容の確認	文書管理
設計管理	記録の管理
文書及びデータの管理	内部監査
購買	不適合製品の管理
顧客支給品の管理	是正処置
製品の識別及びトレーサビリティ	予防処置
検査・試験	
検査、測定及び試験装置の管理	
不適合品の管理	
是正処置及び予防処置	
取扱い、保管、包装、保存及び引渡し	
品質記録の管理	
内部品質監査	
教育・訓練	
付帯サービス	
統計的手法	

2.2 文書化の程度に関する記述

JIS Q 9001：2008（ISO 9001：2008）4.2.1　注記2
　品質マネジメントシステムの文書化の程度は、次の理由から組織によって異なることがある。
　a）組織の規模及び活動の種類
　b）プロセス及びそれらの相互関係の複雑さ
　c）要員の力量

JIS Z 9001：1998（ISO 9001：1994）4.2.2
　品質システムの構成部分となる手順の範囲及び詳しさは、業務の複雑さ、適用する方法、業務の遂行に関係する人々に必要とされる技能及び訓練によって異なる。

この箇条については、ほぼいっていることは変わらない。

　文書化の程度についての要求事項は、1994年版、2008年版ともに同じ程度の文言に留まっています。この"文書化の程度"は、おそらく普遍的なもので、今後も大きく変わらないのではないでしょうか。
　数人の組織で、活動のほとんどが共有しあった手順の中で、コミュニケーションを主体に進んでいくとき、どれだけたくさんの文書が必要でしょうか。
　逆に、大人数の組織、要員の入れ替わりが激しい職場では、「標準化した手順の文書化が進んでいないせいで、手順がコロコロ変わる」、「昔のトラブルの事例が活かされない」などといった話もよく聞きます。
　3人の組織と300人の組織、単純な活動を行う組織と複雑な活動を行う組織、従業員の入れ替わりが少ない組織と入れ替わりが激しい組織とでは、自ずと"文書化の程度"は異なって当然です。むしろ、異ならないようなら「"文書化の程度"が適切でないのではないか」と疑問視せざるを得ません。

2.3 文書化の程度、文書化の際の考え方

- 文書化の程度は、いつの時代も、個々の組織ごとに異なってよい。
- 規格に従って文書をつくるのではなく、組織に必要な文書をつくって、規格を満たしさえすればよい。
- これまでに組織になかった手順だけは、しっかりしたい。
  - →組織のこれまでの文化にあまりなかった手順
  - →内部監査、是正・予防、それに不適合管理、文書・記録の管理手順
  - →現在要求されている６つの"文書化が必要な手順"
- これらもやがてあたり前になり意図が理解された活動が確実になったなら、文書化要求から外れるかもしれない。
- その時々の規格要求に翻弄されるのではなく、自分たちの組織に必要な手順を自分たちの目線で構築し、自分たちで文書化の要否を判断していくことが望ましいのではないか。
  これこそが普遍なのではないか。

　これは、マネジメントシステムの文書化に関する筆者個人の考えです。

　ISO 10013：1995「品質マニュアル作成のための指針」は、要求事項に近い使われ方がされたと思いますし、組織の文書化を画一化させてしまうような内容が記されていたと思うのです。例えば、品質マニュアルの作成にあたっては、以下のようなことが書かれていました。

- 品質マニュアルを作成すると決定すれば、調整業務を特命組織に委ねる。
- 通常次の事項を記載する。目次、序文、品質方針、品質目標、品質マニュアルのガイド……。
- 序文として、組織及び品質マニュアル自体の一般情報を提供する。少なくとも、名称、場所、所在地、連絡手段が必要
- 相互参照できる索引や節、何がどこに書いてあるかすぐわかるガイドを含める。
- 附属書Ａに品質システムの文書体系（階層）の代表例を示す。

2.4 マネジメントシステムは画一的ではないはず！

JIS Q 9001：2008（ISO 9001：2008）序文 0.1 では、品質マネジメントシステムの設計（構築）実施（運用）に影響を受ける要素として、
 a）組織環境、組織環境の変化、及び組織環境に関連するリスク
 b）多様なニーズ
 c）固有の目標
 d）提供する製品
 e）用いるプロセス
 f）規模及び組織構造
などがあるとし、「品質マネジメントシステムの構造の画一化又は文書化の画一化を意図していない」としている。

　ISO の構築にあたって、規格は（品質に限らないことだと思っていますが）「マネジメントシステムの構造の画一化又は文書化の画一化を意図していない」としています。同様な文言は、品質の 2000 年版、1994 年版にも見られます。
　「画一化を意図しない」、つまり組織には組織それぞれのマネジメントシステムがあるのです。環境や環境の変化、関連するリスク、ニーズ、目標、製品、プロセス、規模・組織構造がみなそれぞれ違うのだから、事情に合わせたマネジメントシステムであってよいのです。だからこそ、用語（言葉遣い）も、解釈も一定でなくてよいわけで、組織ごとに考えられるのです。
　むしろ、組織が自らの環境の変化にもとづいて、どんどん時代にあった品質マネジメントシステムにしていく、成長させていくことが必要なのです。その検討過程では、マネジメントシステムの適用範囲の見直しも入るでしょう。どうすれば経営を持続させられるかが、マネジメントシステムの継続的改善、革新の永久のテーマです。"変化への対応" が大切なのです。

2.5　規格周辺の指針①

ISO 10013：1995　「品質マニュアル作成のための指針」
1. 適用範囲
2. 引用規格
3. 定義
4. 品質システムの文書化
5. 品質マニュアル作成のプロセス
6. 品質マニュアルの承認・発行・管理のプロセス
7. 品質マニュアル記載内容
　　附属書A　品質システムの文書階層の代表例
　　附属書B　品質マニュアルの節の書式例
　　附属書C　品質マニュアルの節の例
　　附属書D　参考文献

　ISO 10013：1995「品質マニュアル作成のための指針」の文案が検討され、発行された1990年代前半は、情報技術が発展しておらず、文書が現在のように電子管理されることは、あまり考慮されていなかったのではないでしょうか。ITの時代に入っていくことはわかっていても、電子媒体での文書管理で規格を満たすためのノウハウは知られておらず、あくまでもプリントアウトしたハードコピー中心の文書管理が主体で考えられたのではないでしょうか。

　1998年から第三者審査活動を審査員として行っていく中で、どの参考書に載っているのも、どの組織がつくるのも、似たり寄ったりの品質マニュアルであることを見て、何か釈然としない、画一的な印象をもちました。「これでは組織のためにならないのではないか」と思っていました。ISO 10013：1995指針には、「品質マニュアルはどの形態でもよい」という柔軟な文言はあるものの、品質マニュアルの構成などを画一化させた遠因ではないかと思ったものです。

2.6 ISO 10013：1995 内容の一部

品質マニュアルの作り方
- 品質マニュアルには、組織に要求される品質システム規格の要素をすべて網羅する。
- 品質マニュアルは、ISO 9000（9001）規格の順序立てに合わせて配列すればよい。

品質システムの文書化
- 手順書は規格が要求するすべての要素について記述する。

ISO 10013：1995 は、ISO/TR 10013 の発行により廃止された。

　ISO 10013：1995「品質マニュアル作成のための指針」に、「品質システム規格の要素をすべて網羅する」、「規格の順序立てに合わせて配列すればよい」と書かれていました。ムリして逆らう必要もなく、多くの組織が"右にならえ"したのではないでしょうか。

　ISO 10013 規格は、その後 ISO 9001 の 2000 年版が発行されるにともない、部分改訂され、ISO/TR 10013 となって 2001 年に発行されています。

2.7　ISO/TR 10013：2001

「品質マネジメントシステムの文書類に関する指針」
　序文
　1. 適用範囲
　2. 引用規格
　3. 定義
　4. 品質マネジメントシステムの文書類
　5. 品質マネジメントシステム文書類の作成プロセス
　6. 品質マネジメントシステム文書の承認、発行、管理のプロセス
　附属書A　品質マネジメントシステム文書類の典型的な階層構造
　附属書B　体系化された文書形式の作業指示の例
　　参考文献

　ISO/TR 10013規格の2001年版の内容は、1995年版とそう大きく変わっていません。この指針規格は今も維持されています。特徴的な部分を抜粋します。

☕ **ちょっとコーヒーブレイク**

あるべき姿、あるべき手順を規定として書きすぎない

　ともすると、理想的な手順を文書化しがちです。また、あるべき姿を検討し追求しすぎると、できもしない絵にかいた餅になってしまいます。まずは、現実的なところから、重要度や緊急度を考慮して文書化を試みることが肝要です。

第2章 効果を高めるマネジメントマニュアル（文書化）のあり方

2.8 ISO/TR 10013：2001 内容の一部

- このテクニカルレポートは、組織固有のニーズに合わせて構築された効果的な品質マネジメントシステムを確実に実現するために必要な文書類の作成及び維持に関する指針を示す。
- このテクニカルレポートは、環境マネジメントシステムや安全マネジメントシステムなど、ISO 9000 ファミリー以外のマネジメントシステムの文書化についても活用することができる。
- 文書類の準備は、通常、組織のプロセスの流れ又は適用する規格の章立てのいずれか、あるいは両者の組み合わせに従って実施される。その他の方法であっても組織のニーズを満たすものであれば用いて構わない。
- 品質方針及び品質目標は、独立した文書として作成しても構わないし、また品質マニュアルの中に盛り込んでもよい。
- 小規模の組織の場合、ISO 9001 で要求するすべての手順書を始めとする品質マネジメントシステム全体を一冊のマニュアルに記載するほうが適切なこともある。

「手順書を始めとする品質マネジメントシステム全体を一冊のマニュアルに記載する方が適切なこともある」という文言が出てきました。これは、当時のマネジメントシステム文書の構築からして、大きな変化であったと思います。

このように指針の１つをとっても、時代の変化と対応する規格によってトーンは大きく異ります。

なお、ISO/TR 10013：2001 は、2011 年現在も活きている指針です。

2.9 規格周辺の指針②

製品導入パッケージ：モジュール
"ISO 9001：2000 の文書化要求事項に関する手引"
- これは、ISO 9001：2000 版規格の登場にともない、ISO/TC 176/SC 2 から発行された支援文書の1つで、他に"適用""用語""プロセスアプローチ""アウトソースしたプロセス"に関する手引がある。
1) 序文
2) 「文書」とは何か—定義及び参考
3) ISO 9001：2000 文書化に関する要求事項
4) ISO 9001：2000 の 4.2 に関する手引
5) QMS 実施の準備をする組織
6) 既存の QMS を変更する組織
7) ISO 9001：2000 への適合の証明
附属書A　文書に関連する用語及び定義
附属書B　ISO 9001：2000 が要求する記録

　ISO 9000 ファミリー規格支援文書といわれるもので、ISO/TC 176/SC 2 ホームページに掲載され、和訳されたものを㈶日本規格協会ホームページから入手することができます。
　ちなみに、同ホームページからは以下の情報が得られます。
- ISO 9000 ファミリー規格開発状況
　—ファミリー規格の紹介と最新の規格開発進行状況などが確認できます。
- ISO 9001 の改正について
　—9001 や 9004 の作成に関する設計仕様書から発行にいたる情報が時系列で確認できます。
- ISO/TC 176 関連会議情報
　—いつ、どこで、どのような会議が開催され、どのような審議が行われているか時系列で確認できます。
- ISO 9000 ファミリー規格 支援文書

上記枠で示した"文書化要求事項に関する手引"以外にも数々の支援文書が確認できます。

　・実施の手引
　　― ISO 9001：2008 実施の手引
　　― ISO 9004：2009 実施の手引
　・支援文書
　　― ISO 9001：2008 の 1.2（適用）に関する手引
　　―マネジメントシステムのためのプロセスアプローチの概念及び利用に関する手引
　　―アウトソースしたプロセスに関する手引
　・その他情報及び手引
　　― ISO 9000 ファミリーに関するよくある質問集
　　― ISO 9000 ファミリー規格の選択及び使用
　　―品質マネジメントの原則
　　―"持続的成功"を求めて
ISO 14000 ファミリー規格にも、さまざまな支援文書があります。

　・ISO 14000 ファミリー規格開発状況
　・ISO/TC 207 関連会議情報
　・ISO 14001/ISO 14004 の 2004 年版改訂について
　・JIS Q 14063（環境コミュニケーション）

2.10 「文書化要求事項に関する手引き」内容の一部

- ISO 9001 は、1994 年版よりも文書化要求事項が減少し、規範的な性格が薄くなった。また、組織が品質マネジメントシステム（QMS）を文書化する方法について、より多くの柔軟性を与えている。……文書化を必要最小限にすることが可能となる。
- （1994 年版から）2000 年版への移行に際して、既存の QMS を有する組織は、QMS を簡素化するために既存文書の合理化及び／又は統合を行うことができる。
- 組織は、過度に文書化をすることなしに、適合を証明しなければならない。
- QMS を実施しているか否かにかかわらず、組織の文書化の主な目的は次のとおりである。
  a) 情報伝達　b) 適合の証明　c) 知識の共有

　本体規格が変われば、支援文書も変わってくるのが自然です。

　ISO 9001 規格 2008 年版にもとづく支援文書（手引）では、以下のようなことも書かれています。

　「ISO 9001 は、"文書化された品質マネジメントシステム"を要求している（かつ、常に要求してきた）のであって、"文書のシステム"を要求しているのではない」と。

　ちなみに、"マニュアル"の作成が規格で要求されているのは、品質マネジメントシステム規格の ISO 9001 のみです。組織の既存文書で要求事項が十分満たされているのであれば、"品質マニュアル"というタイトルで1冊にまとめなくてもよいのです。"品質マニュアル"というタイトルで1冊仕様にしなければならないと考えるところに無理が生じることもあるのです。

　ISO/TMB-JTCG が策定した MSS 共通テキストにはマニュアル作成という具体的要求はありません。組織が考える組織なりの文書、タイトルでよいのです。できるだけ既存の文書を活用しマネジメントシステムに取り込めばよいのです。

> ## 2.11 規格や指針が組織のその後の文書管理に与える影響は計り知れない！
>
> - ISO 10013：1995 は、参考情報としては有益と思われるが、これらが独り歩きし、標準的な仕様、方法論として活用され、どの組織にもあてはまるとして利用されていたとしたなら、文書化による弊害は、ここから発生しているのかもしれない。
> - 規格や指針によって、その後の文書管理が煩雑になったり、陳腐化したり、整合をとるための膨大な手間が、主に事務方部門（支援部門）に生じることは、十分に留意しなければならない。

　ISO 9001 の 1994 年版、その品質マニュアル作成のための指針であった ISO 10013：1995 の影響は、計り知れません。

　これからは、規格や指針に使われるのではなく、組織の業態、プロセスに則って、必要な"程度"を見きわめ、マネジメントシステムを構築し運用し、内部監査、外部審査を実施していくことが、何より重要です。ISO マネジメントシステム認証制度に関わる利害関係者すべてが、このことに注意しなければなりません。

3 何のためのマニュアルか

改めて整理すると……
- マニュアルは、その組織のマネジメントシステムの取組みの概要をまとめたもの
- 組織の姿勢、考えを表現したもの
- 影響を与える仕事の手順に迷ったときに手順が記載されたもの、又はその記載先が記されたもの
- 新しい要員へのマネジメントシステム概要テキスト
- 内部監査の際の概要チェックリスト
- 経営者にとっても要員にとっても実現を目指す順守事項

　筆者自身も以前、品質マネジメントシステムの構築支援に携わった時期がありました。そのときに、筆者自身も構築の主眼は、外部審査に通ることでした。認証を目指さないけれど、品質マネジメントシステムを構築し運用したいという組織も、中にはありましたが、国際標準という御旗のもと、同じように構築していました。

　ただし、マネジメントマニュアルは、組織にとって、決して内部だけで使用するシークレット文書のようなものではなく、いわゆる"世間との約束"を示した、世間への公開文書でというのが、筆者のスタンスでした。

　特に、サービス業の場合、品質はお客様へ提供するサービスそのものであり、どのような品質を作り込んでいくかを記したマニュアルをお客様へ提示することは、すなわち営業活動に他ならないと思ったからでした。

　組織の考えを1冊にまとめる、人の入れ替わりの激しい現場に考えを示し理解させる、約束が履行されているかチェックするリストにする……。これらは、マニュアルを作成するときに考慮すべき要素ではないかと思いました。

4 マネジメントマニュアル事例

4.1 顧客目線に立ったマニュアル事例

営業に活用できるように作った事例
- その組織のマニュアルは、すべて「である調」ではなく「です、ます調」で作成されて、主語は「当社は……」ではなく、「私どもは……」としている。
- 用語は、あくまでもわかりやすく馴染まれているものを使用している。

マニュアルを営業用販促ツールにした事例
- その組織は、客先開拓の営業用にダイジェスト版のマニュアルを作成していた。
- 「お客様や社会とお誓いする内容、私どもの姿勢をまとめたものです」という営業をしている。

「ISO を取ったからといって営業には何の役にも立たない」などという声を時折聞きます。本当に役に立たないのでしょうか。

筆者が出会ったある組織では、自らのマネジメントシステムをお客様への誓約事項として捉え、むしろお客様向けのマニュアルを作成して営業マンが配っているという話でした。「私どもは、全社をあげて、ここに書いたことに取り組んでいます。だから私どもを信じていただいて、私どもの製品をお求めください」というメッセージです。これはまさしく、ISO 9001 の 1.1 の a)、b) を達成しようとするメッセージです。

本章の 2.10 で述べたように、マニュアルは品質マネジメントシステムだけに作成の要求があり、環境、情報セキュリティ、食品安全など後発のマネジメントシステムでは、マニュアルの作成要求はありません。

もしかしたら、品質マネジメントシステムも、環境などと同様に、規格要求事項を満たすのであれば、マニュアルという文書の作成にこだわらないというように将来は変わっていくかもしれません。

4.2　現場目線に立ったマニュアル事例①

本社用とサイト用とに分けた事例
- 本社用とサイト（現場店舗）用とマニュアルを2分冊している。
- 本社用は、本社主体の運用をベースに構築し、本社関連の要求事項を満たすようになっている。
- サイト用は、サイト（現場店舗）に必要な事項に特化し、サイト関連の要求事項を満たすようになっている。

1つのマニュアルに複数の規格の必要なところだけを取り入れた事例
- その組織のマニュアルは、品質を主体に構築し、他のマネジメントシステムのエッセンスを付け加えていた。
- 環境における著しい環境側面の管理、緊急時対応、労働安全における安全管理、情報における情報管理、食品安全に置けるPP（一般的衛生管理プログラム）を章立てて記している。

　マニュアルは必ずしも1つにする必要はないと教えられた事例です。

　マニュアルを作る、文書化をする、というときに重要なのは、そのマニュアルを読む側、文書を使う側の立場に立つことです。多くの組織のマニュアルは、読み手、使い手の立場で書かれていないのではないでしょうか。特に、上記で紹介した組織は、現場用マニュアルには、現場に必要のない要求事項箇条をはずし、逆に規格要求事項になくとも、その現場に必要な事項が書き足されていました。

　これは、文書化の際の基本です。例えば、ホテルやレストランにおいては、緊急事態といえば、火災、地震、強盗、停電などさまざまなものがあるわけですが、環境マネジメントシステムにおける環境側面に強盗がないからといって対象にしないのは本末転倒です。規格を満たすための文書化ではなく、ビジネスのための文書化でなければならないはずです。

　「どのような文書化が適切なのか」は組織自身が判断することが第一です。

第2章 効果を高めるマネジメントマニュアル（文書化）のあり方

4.3 現場目線に立ったマニュアル事例②

フロー図や図表、イラスト中心でつくった事例
- その組織は、文章による記載を極端に避け、マニュアルの全体をフロー図や図表、イラストで構成し、見やすく、楽しいものにしていた。
- 必要なページをコピーして現場に貼れば、そのまま周知できる体裁になっていた。

新入社員に向けの書き方に徹した事例
- その組織は、マニュアルを新入社員へのテキストにしていた。
- 組織の概要から方針、考え、注意すべき点、教育・訓練の内容まで、いち早く組織の姿勢に染まるようにつくっていた。
- 新入社員に教育し伝えたことが現場で守られていないと足元が見られるため、現場でも最低限のバイブルとして捉えられている。

　これまで、多くのマニュアルを見てきましたが、圧倒的に多いのは、文字だけのマニュアルでした。

　筆者は、かつて小集団活動と呼ばれるQCサークル活動を自ら行い、また支援した時期がありましたが、QCサークルの創設初期段階の発表報文は文字ばかりが目立つものでした。

　その後少しずつ、カラフルになっていき、QC七つ道具といわれる図表や管理図が上手く使われだして、発表内容がだんだんとわかりやすくなっていったものです。今では、パソコンのプレゼンテーションソフトを活用した発表が多くなりました。動くイラスト、飛び出す文字は、見ている側を意識したものとなっています。

　筆者が出会ったマニュアルの中には、文字の羅列を減らし、フロー図中心のものやイラストをふんだんに使ったものがあり、楽しく読めました。

　また、ある組織のマニュアルは、徹底して新入社員の目線で書かれていました。組織のDNAを次の世代に送り込むという考えがよく表されたものでした。

4.4 重い文書システムから脱却した事例①

二次文書をなくしてマニュアルに統合した事例
- その組織は、マニュアルに二次文書の引用をしていたが、それをやめて二次文書をマニュアルの当該部分に盛り込んだ。
- 結果的にマニュアルのページは増えたが、二次文書がなくなり、様式を除いてマニュアルだけを管理すればよくなっていた。

定着した手順の文書を廃止した事例
- その組織は、既に標準化が図られ、文書を見なくても問題が起きなくなった手順の文書は更新を機に捨て、さっぱりさせていた。
- 逆に定着しない、問題が起こりがちな作業手順については、新たに文書化したり、加筆していった。

　ISO 9001 規格の 1994 年版時代から取り組み、複雑な文書体系、膨大な文書量に悩んでいる組織をずいぶん目にしました。

　その中で、ある組織は、二次以下の文書を整理、つまり必要・不必要の判断をし直し、マニュアルに統合していました。

　また、定着した手順は文書化からはずすという作業を徹底して行っている組織もありました。

　「文書は、後世に伝える重要なノウハウではありませんか」といって、標準化の推奨を拡大させて、文書化を推奨してしまうことがあるかも知れませんが、余計なお世話であることが少なくありません。

4.5　重い文書システムから脱却した事例②

ほとんどの手順を計画書や記録の様式内に織り込んだ事例
- その組織は、作業の手順や決めごとについて、これまでのマニュアルからは外して、計画書や記録の様式の下部に記載し、手順はなるべくマニュアルを見なくてもいいように変更・改善している。

一から再構築し直した事例
- その組織は、1994年版時代に構築した文書システムの再構築にあたり、現行文書を改訂改編する方が手間がかかるとして、一から構築し直した。

2つの文書を1つに、2つの記録を1つにと、まとめていった事例
- その組織は、環境からのヒントで、まとまる文書はないか、まとまる記録はないかという見直し、改善を絶えず行っている。

　記録の様式は文書の1つであることは、マネジメントシステムに取り組んでいれば理解されていることと思います。

　マニュアルや手順書のような冊子型の文書は、現場ではなかなか使い勝手が悪く、埃をかぶりがちです。

　ある組織は、冊子型の文書化をなるべく避けて、記録の様式に記述するようにしていました。記録は活動のアウトプットですし、現場に置いたり、掲げたりしている性質のものですから、その様式に手順を書き込んでおけば、誰しも見やすいというわけです。

　ちなみに、記録様式に盛り込まれている事項そのものも、こういう事項を書くという"手順"を示したものですから、様式を上手くつくれば、手順書のような冊子型文書で伝えるより、口頭で百回伝えるより、わかりやすい場合があるものです。

　組織の中には、上記枠で示したように、一から再構築されたケースもありました。大きな建物において、増築・改築を続けていると、どこが出口である

か、廊下の先がどこなのかがわかりにくくなることがあるものです。いっそ新築してしまった方が使い勝手がはるかによい、ということでしょう。

　ある組織は、2つの文書を1つに、2つの記録を1つに、というレビューを一生懸命していました。環境マネジメントにおいて、「マネジメントシステムの運用そのものが大きな環境負荷になっていませんか」という話を前述しましたが、環境負荷を下げる意味でも、これはたいへん重要なことです。

☕ ちょっとコーヒーブレイク

社会的影響の大きい事業ほど、真の緊急事態対策を！

　緊急事態を特定する場合や、起こり得る不適合を特定する場合、リスクに見合う程度ということになりますが、組織だけの問題であれば、特定するための想像、つまりよくいわれる"想定"は低くてよいかも知れません。

　しかし、その製品が社会に及ぼす影響が大きければ大きいほど、想像を巡らせて、高い想定をしなければなりません。資源はリスク・影響に照らして投入する必要があります。

　このようなときに、新QC七つ道具の1つであるPDPC法が役に立ちます。通常の工程、順序を超えて、想定外を想定する手法であり、BCP（事業継続計画）にも使用される手法です。

> ### 4.6　軽い文書システムで充実化させた事例
>
> **規格の裏返しだけのマニュアルをことあるごとに加筆して膨らませた事例**
> - その組織は、とにかく軽くスタートすることを徹底し、その後、主に理解が不足している点を加筆していっていた。
> - 3年を経て、当初のマニュアルから大きく成長して、手づくり感の高いマニュアルになり、改訂も手軽に行っていた。
>
> **できている点は記述を浅く、脆弱な点は記述を厚くした事例**
> - その組織は、運用開始後数年を経て、できていると判断できた箇所、現場で十分引き継げる箇所の記述は、ざっくりと削除し、自分たちの活動の脆弱な箇所の記述は充足を図っていた。

　ある組織は、マネジメントシステムの導入、構築にあたり、とにかく軽い文書システムによるスタートを図ろうというトップの考えのもとに準備を進めていました。

　基本的には、自分たちが十分に理解し、今後も自分たちの手で改訂していけるように文書化をスタートさせるのがよいと思っています。

　文書を膨らましていくことは、大変なことではありません。標準化の進展していない事項、統一していきたい事項を、その都度書き足していくことで、徐々に立派なマニュアル、使える文書に育っていくものです。

　また、記述の浅さ・深さについては、活動の重要性や、複雑さなどによって異なるのは当たり前です。脆弱な点は、記述も深くなるでしょうし、誰もがわかっているという点は、浅くすませることもあるでしょう。

　各プロセスの記述、各要求事項箇条に対して、何でも一律、平均的に書く必要はありません。"文書化の程度"にばらつきが生じるのは自然なことであり、これを指摘するのは余計なお世話かもしれません。

5　審査側の変化

これまでの審査の仕方
- 規格に従って文書化された手順どおりに運用されているか。
- 運用されている内容が規格を満たしているか。

⬇

有効性に着眼した審査の基本スタンス
① 会議室を飛び出して、多くの時間を現場を見ることに費やす。
② 結果から遡る帰納型展開の審査計画と実施。
③ ISOフィルターを通さず、素直に組織の問題を語りあう。
④ その業種、業態、その組織の言葉で話す。
⑤ チームで総合力を発揮し、十人十色のごとく、百社百様の審査戦略、審査シナリオをもって臨む。

　ここ数年、認証機関において大きく舵が切られようとしていることが、上記に示した"審査の仕方"です。

　これまで多くの審査で、審査員は、法律を片手に審議する法律家のごとく、規格や組織のマニュアルを持って、適合を確認していくというような"仕方"が見られました。

　「これから7.2の確認をします」、「規格はこのような要求をしていますが、どのように満たしていますか」、「規格にはこう書いてありますが、そのことが見えませんね」、「規格とマニュアルは文言が同じですので、これでは具体的な手順がわかりません」というような、規格から入る見方を、筆者も以前はしていたものです。

　その"仕方"が、組織に、審査対応のための活動を生み出させ、「こう聞かれたらこう答える」的な対応になっていったように思えてなりません。このようなことから、審査に耐え得る要員による、いつもの顔ぶれ同士の形ばかりの審査になっていったのではないでしょうか。

第2章 効果を高めるマネジメントマニュアル（文書化）のあり方

そもそも、外部審査には、組織のどなたが対応されても可能でなければなりません。「あの人がいなければ審査対応できない」というのはナンセンスです。

審査員は、もちろん頭の中に規格を置いておくものの、実地審査では運用の姿を観察し、インタビュー、記録確認などをしていく過程で、規格要求を満たしているかどうかを評価するという"審査の仕方"を実践しなければなりません。

要求どおりに運用しているか、決めたとおりに動いているかではなく、運用している内容が要求している意図を満たしているか、動いている状況が規格要求の意図を満たしているか、決めたルールそのものは規格の意図を満たしているかということが、評価の対象です。

だからこそ、審査は、会議室でやるよりも現場を見る、ISOというフィルターを通さずに率直に運用を見る、組織のプロセスを理解し、組織の言葉で審査を行うことが重要なのです。

審査は、話すことではなく聞くこと見ることです。

審査員になるための審査員コースでは、その中で「基本的な審査技法」という項目があって、証拠を収集するための技法は、次のとおりです。

(1) 面談＝インタビュー：質問し、答えてもらう
(2) 実際の作業観察：実際の作業工程を見る
(3) 実際に再現してもらう
(4) 手順書、帳票を見せてもらう
(5) 記録を見せてもらう

そして、「審査している対象の「役割」を理解し、審査の要点に適した相手、場所に質問する方法」を習うことになっています。

内部監査でも同様です。いつもの内部監査員がいつもの相手に監査し、規格箇条や決めたことの周知徹底度を評価するだけの内部監査では十分ではありません。決めたことの評価であれば、業務監査でいいわけですが、マネジメントの仕組みを評価するのですから、インタビューして、観察して、仕組みの弱いところを検出する内部監査をしたいものです。

5.1　マニュアルを含む文書の見方の変化

- 規格要求事項をそのまますべてカバーしていることを必ずしも求めない。
- むしろ自分たちの使い勝手のよい状態、自分たちの理解できるマニュアル（文書）になっていることが重要。
- 文書化の程度の評価は、現場の運用を見て判断。
  ―「標準化されているから文書化が浅い」というのと、
  ―「脆弱であり不十分だから文書化が浅い」のとでは雲泥の差。
- 運用の時間的経過に沿って、個別に重点項番を確認。
  （初回審査時と更新審査時では自ずと着眼点が異なる）

　文書審査において、以前は、よく「規格の要求事項がカバーされていない」という指摘をしたものです。これが、規格の裏返しさえ書けば、とりあえず文書審査は通るということにつながったのではないかと思います。

　文書化にあたって、「規格に応えようというスタンスで進めるか」、「当社のマネジメントの仕組みを書くんだ」というスタンスで進めるかによって内容は大きく異なってきます。

　「事業継続、成長していくためのマネジメントの仕組みを書く」というスタンスに立てば、規格はその一部になるでしょう。規格に応えようというスタンスに立ってしまうと、規格が文書構成のすべてになってしまいます。

　文書審査において、規格を満たしていればそれでよしとせずに、事業継続、成長していくためのマネジメントの仕組みが記述された文書として、使えるマニュアルなのかどうかを評価する方向へ進んでほしいのです。それは、規格文言のカバーという小さな問題ではなく、組織の脆弱な点をつかみ、まさにボトルネックとなっている問題を取り上げるということです。

> ### 5.2 整合のタイミングと程度
>
> 品質マネジメントシステム（QMS）規格の要求事項の中に、
> > 5.4.2 b) 品質マネジメントシステムの変更を計画し、実施する場合には、品質マネジメントシステムを"完全に整っている状態"に維持する。
>
> があり、この要求が、足かせになって、なかなか大きくシステム変更できないのではないか。
> 　しかし、審査のためにマネジメントシステムを動かしているのではない。
> 　タイムリーに整合を図ることは、あまり気にしなくてよい。改善が進んでいること、前を向いて進んでいることが、タイムリーに整合を図ることよりもずっと重要である。

　5～6年前の話です。ISO 9001に取り組まれているある組織で、「5.4.2の指摘が恐くて、抜本的に見直すことに躊躇している」という話を聞きました。「マネジメントシステムが完全に整った状態にあること」という規格要求は、たいへん重く受け止められていると思ったものです。

　ある手順を変えて文書を改訂したら、波及する文書を見直し、整合するようにしておくというのは、もっともなことです。しかし、どの程度タイムリーでなければならないか、いつまでにすべきかについては言及していません。もちろん審査までにという要求はありません。審査の時点での整合が求められてしまったなら、それこそ審査のための審査に向けたマネジメントシステムの運用となってしまいます。組織が運用計画の中で、1年間をどのように回していくかを決定したなら、その計画で進展していればいいわけです。

　5.4.2の適合は、審査向けではなく、組織が組織の管理下において、そのタイムリーさを決めればよいのです。これは、内部監査でも同じです。

5.3 規格のカバーの程度

　規格のカバーは必ずしも必要としない。
　しかし、カバーする程度は、規格の意図の理解度にもよる。
　例えば、7.5.4 顧客所有物の管理の項では、規格はまず「組織の管理下にある間、又はそれを使用している間は、注意を払え」といっている。
　マニュアルに、それが記されていなくとも不適合ではない。しかし、結果として顧客のものを大切に扱わず、傷つけたり紛失したりすれば、当然顧客からの信頼は失われることになる。
　記載しておけば、標準的に教育もでき、みんなが守るとするならば、カバーすることが必要かもしれない。

　上記では、「規格のカバー」について、5.1 項とは裏腹なことを書きました。規格は規格の文言の裏返しをマニュアルなど文書化にあたって要求しているわけではないので、必ずしも規格要求の文言をカバーしていないからといって不適合にはなりません。しかし、規格が要求していることは、ビジネス上、的を射た内容であることもあります。規格は噛めば噛むほどおもしろいという人がいましたが、ビジネスにとって重要で、それを欠くと問題である箇条がよく加わっているのも規格です。
　規格要求事項をよく咀嚼して、自分たちに置き換えてきちんと文書化しておけば、みんなが意識してその要求を守ろうとするのではないでしょうか。
　上記で示した「顧客所有物」のくだりは、その 1 つです。
　規格の要求を満たすことばかりに気を取られるのは問題ですが、規格をカバーしていないことによる標準化の観点からの懸念、理解の周知不徹底がないか、有効性の観点から、インタビューや現場観察を通じて評価しなければならないでしょう。

6 飾っておくマニュアルから活用するマニュアルへ

- 費用対効果を考えれば、マネジメントシステムを少しでも経営に資するものにしていきたい。
- システムの概要を記したマニュアルを、内部監査や外部審査のためだけのものとせず、大いに活用するマニュアルにする。
- さらに、マネジメントシステムは、現在有する製品だけ、活動だけに限定するのではなく、これから自分たちはどういう活動をしていけば食べていけるのかを記したものにまとめ上げられると、真に役立つ、活用するものになっていく。組織に必要な要素が1つに詰まったマネジメントマニュアルに発展することを大いに期待したい。

　ISOの規格に添おうが添うまいが、認証を目指す場合だけでなく目指さない場合も、組織が持続的に成長していくためには、マネジメントシステムは不可欠です。組織は、マネジメントシステムを取り入れることで強くなっていくものです。

　ISOの規格の要求は、ビジネスの中ではほんの一部にすぎません。

　「品質の認証を目指して、品質マニュアルをつくろう」、「環境の認証を目指して、環境マニュアルをつくろう」というのではなく、「組織の持続的成長のためのマネジメントの仕組みをつづったマニュアルをつくろう」という考えでつくったなら、ダブルスタンダードはあり得ないのではないでしょうか。

　マネジメントシステムの共通要素の研究がISO内でやっと進んできています。詳しくは第3章で述べますが、この共通要素を主軸に、あとは、各側面の固有要求事項やそのエッセンスを取り入れていけば、組織の「マネジメントマニュアル大全」みたいなものに仕上がるはずです。

6.1　文書を再構築するときのヒント

- 平易な用語で書く。
- やっている手順、できる手順、現実的な手順をそのまま書く。

次の"規格用語"は、自分たちの言葉にするだけでも、ずいぶん活用しやすいものになる。

「製品」/「製造」/「顧客」/「設計・開発」

「購買」/「監視」/「是正」/「予防」

「品質マニュアル」「環境マニュアル」……というタイトルにとらわれる必要はない。

- 章立ても項番も自由で構わない！

規格対応表なども不要である。

適合しているかどうか探るのは審査員の力である。

　優れた社長がイコール優れた社員ではない、優れた学者がイコール優れた学生ではない、ということをよく聞きます。

　同じように、優れた要求事項が記された規格がイコール優れたマニュアルに早変わりするわけでもありません。

　ジャーナリストの池上彰さんが、いろいろな番組で世の中のわかりにくいニュースを視聴者向けによく噛み砕いてわかりやすく解説しておられたことがありましたが、まさに情報というものは、受け手が理解して受け止めて初めて有効となります。

　ISO規格で使われる用語は難解であると筆者は思います。適切な日本語がないから英語のままにしていると、よく聞きますが、要求事項の意図は、適切な英語になっているのでしょうか。微妙な意味あいを伝えるには、日本語の方が優れていると思います。

第2章のまとめ

　マネジメントマニュアル（文書化）のあり方について述べた第2章をここでまとめておきます。

　時代の移り変わりにより、組織には、さまざまな管理要素が要求されています。品質、環境、労働安全衛生、情報セキュリティ、リスク、社会的責任、事業継続……。また業界に対応したセクター規格もますます増えつつあります。それぞれの要求事項に応えた個別の文書、審査に応える個別の文書をつくるのでは、効率も悪く、さらなるダブルスタンダードを築くことになりかねません。

　何度も繰り返しますが、組織におけるマネジメントシステムは「1つ」です。それぞれの要素は関係する人々とともに結びつき、経営上の目標とも密接につながっているはずです。

　審査員にもこれからは担当マネジメントシステム領域を超えた、組織の「1つ」のマネジメントシステムを把握し、評価できる力量が必要です。

　したがって、例えば当センターの審査員研修会では、今年度から、まず品質と環境の教育を合同開催し、先般の研修会では「QMS審査における環境の視点、EMS審査における品質の視点」について研鑽しました。

　組織の中には、複数のマネジメントシステムに取り組んでいる組織も少なくないと思います。マニュアル（マニュアル以外の文書を含めて）の統合の程度で、真のシステム統合度が決まるでしょうし、それこそムダ・ムラ・ムリのないマネジメントシステムになっていくものと思います。

　それぞれの規格に対応した文書から脱し、組織にとって必要な事項を取りまとめ、あとは現場で応えられるようにしておくだけで、もしかしたら十分なのかもしれません。

ちょっとコーヒーブレイク

"持続的成功"を求めて

ISO/TC 176/SC2 では、ISO 9001 の 2008 年版が発行されたのにともない、「"持続的成功"を求めて」という文書を出しています。

この文書の「序文」には、「本文書は、組織の経営層向けに作成されたものであり、その目的は、ISO 9001：2008 要求事項規格及び ISO 9004：2009 手引に基づいた改善方法の利用に関する情報及び手引を提供するものである。本文書は、長期目標を達成し維持していく、"持続的成功"という最終目的に向けての道のりを歩む組織を支援する」書かれています。

この「序文」に続いて、この文書は、以下の事項を述べています。
1. どうして持続的成功に向けて踏み出すのか？
2. どうして組織のマネジメントシステムは持続的成功のための重要な要素なのか？
3. 組織は持続的成功への道のりのどこにいるのか？
4. 学習すべき教程－組織が次の段階へ進む計画を支援する
5. 組織の"道のり"に有用な事業の運営及び知識の有力な情報源
   5.1 出発したばかりの場合
   5.2 行き方はわからないが、どこへ行くのかを知っている場合
   5.3 目的地に近づいている場合

結論

第3章
経営に直結させる ISOの効果的な 方針・目標展開

　第3章では、ISOマネジメントシステムが経営と乖離したダブルスタンダードにならないように、経営に直結させるための方針・目標展開について述べます。

1　よく聞く話

- マネジメントシステムごとに規格要求に合わせた方針を各々作成している。
- 品質目標は製品品質の目標だけとしている。
- 経営上の重要な目標（売上目標やコスト目標、事業拡大目標など）は、マネジメントシステムとは別に動いている。
- 何を目標にもっていいかわからない。
- データがないから目標値が決められない。
- 方針は、数年前に ISO 構築当時に規格の裏返しでつくったままである。
- 方針はカードを全員に配ることで周知していることにしている。
- 「品質方針」とか「品質目標」といういい方は馴染まないが、適合させるために使っている。

　この「方針・目標展開」は、経営の目指す方向と一致した活動がもちろん望ましいと思いますが、上記で示したように、「方針・目標がなかなか徹底されない」、「最前線まで行きとどかない」、「達成されない」、「お題目のようになっている」などの悩みが聞かれます。

　上記で示した"よく聞く話"は、品質マネジメントシステムに取り組んでいる組織を主体に書いたものですが、他のマネジメントシステムにおいても、「方針管理・目標管理、つまり設定し運用計画を立て、それを周知させ、展開し、達成評価と次へのインプットにつなげるという一連の PDCA サイクルがうまく機能しない」「経営活動と ISO の活動とダブル運用になっている」というような声を聞きます。

　その中には、真の方針・目標管理や規格要求事項の意図を知らない、外部審査で不適合とはされにくいなどの理由で、達成度が判定しにくい目標設定も多分にあるものと思います。また、これまで自己流で行ってきたというケースも多いものと思います。

第3章　経営に直結させるISOの効果的な方針・目標展開

2　組織が真に目指すところ

真に目指すところ＝持続的に発展すること
　　　　　　　　＝品質経営を推進すること

マネジメントシステムに取り組む意義
ISO 9004：2009（JIS Q 9004：2010）
「組織の持続的成功のための運営管理―品質マネジメントアプローチ」
　序文　組織の持続的成功は、顧客及びその他の利害関係者のニーズ及び期待を満たす組織の能力によって、長期にわたりバランスのとれた方法で達成される。持続的成功は、組織環境の認識、学習並びに改善及び／又は革新の適切な適用による、組織の効果的な運営管理によって達成できる。

　組織が真に目指しているのは、持続的発展であると、誰しも思うでしょう。それに加え、組織は"品質経営の推進"を目指すべきです。
　ISO 9000の冒頭に、マネジメントシステムに取り組む論理的根拠が記述されていることは、既に述べましたが、ISO 9004：2009の「序文」にも、マネジメントシステムに取り組む意義が書かれています。
　組織活動を円滑かつ効果的、効率的に運営し、持続的成長を目指すために、共通なツールとしてISOマネジメントシステムがさまざまに登場し、これまで広がってきているのですから、真意を汲んで、形式的でなく、本気で理解しようと努め効果的に運用するなら、必ずよいアウトプットが得られます。
　さて、"品質経営"と書きましたが、これは㈶日本科学技術連盟が提唱している、総合的品質管理（TQM）を主軸においた経営の推進のことで、言い換えれば、顧客重視の視点（ここには利害関係者も含まれます）から、人、プロセス、インフラ、マネジメントシステムを有機的に結びつけて経営していく姿といえましょう。

2.1 利害関係者並びにそのニーズ及び期待の例

JIS Q 9004：2010　4.4 表1

利害関係者	ニーズ及び期待
顧客	製品の品質、価格及び納期
オーナー／株主	持続的な収益性、透明性
組織の人々	良好な作業環境、雇用の安定、表彰及び報奨
供給者及びパートナー	相互の便益及び関係の継続性
社会	環境保護、倫理的な行動、法令・規制要求事項の順守

　ISO 9004：2010の4.4には、これまでの規格ではあまりはっきりとうたわれていなかった「利害関係者」の種類の例示とそれらそれぞれの利害関係者の「ニーズ及び期待」が例示されています。

　この表を見れば、品質だけでなく、環境への取組み、安全への取組み、法令への取組みなど、さまざまなマネジメントシステム要素が、組織の持続的発展には必要であるということがわかります。

　組織は、すべてのマネジメントシステム要素に取り組むことが必要です。だからこそ、組織のマネジメントシステムは1つであり、各要素はパーツにすぎないわけです。

　上記の中で、「社会」の「ニーズ及び期待」は、今後さらに多方面に広がっていくでしょう。「社会のニーズ及び期待」にいかに応えていくかが、組織の力量、手腕になっていくのではないでしょうか。社会を考えない、自己中心的な組織は、やがては淘汰され、公共事業などにかかわる組織が自己中心的であれば、大きな社会的非難を浴びるのではないかと思います。

2.2　JIS Q 9005：2005 をみてみよう

質マネジメントシステム―持続可能な成長の指針
ISO 9004：2009 開発のインプット情報となった日本発の規格
　「組織は、環境の変化に俊敏に適応し、効果的、かつ、効率的に組織の総合的なパフォーマンスを継続的に改善し、顧客及びその他の利害関係者のニーズ並びに期待に応えて、高い顧客価値を創造していくことが必要である」
　「高い顧客価値を創造し続け、競争優位を確保し、持続可能な成長を遂げるためには、組織は市場のニーズの多様化、技術革新など組織を取り巻く経営環境の変化を迅速に察知し、対応することが必要である」
その他、JIS Q 9000：2006（ISO 9000：2005）　2.1　品質マネジメントシステムの論理的根拠でも同様の記述がある。

　ここで紹介するJIS Q 9005：2005 規格は、ISOから発行されたものではなく、日本だけが発行した規格です。JIS化される前は、TR Q 0005 という番号で、2003年に発行されています。

　制定の経緯は、本規格の解説に書かれている通り、ISO 9001の2000年版が発行されていない1999年の段階から審議され、当初、TQMなど国内外の品質マネジメントの取組みの把握、パフォーマンス改善に貢献する経営管理システムなどの研究がTQM標準化調査研究委員会で開始されました。この結果、以下のような標準化ニーズがあることがわかったとして、これにもとづき当時のISO 9004規格のモデルを超える指針をということで作成された規格です。

- TQC/TQMを実施してきた日本の優良企業における、ベンチマーク対象となる品質マネジメント
- 顧客のみならず利害関係者すべての満足の達成
- 経営環境の変化への俊敏な対応
- 継続的改善に加え、果断な革新の必要性の認識と対応

● 経営のグローバル化への対応

詳しい引用は避けますが、JIS Q 9005：2005 では、マネジメントの原則は12 ある、として表しています。

```
a) 顧客価値創造              g) 全体最適
b) 社会的価値重視            h) プロセスアプローチ
c) ビジョナリーリーダーシップ  i) 事実にもとづくアプローチ
d) コアコンピタンスの認識     j) 組織及び個人の学習
e) 人々の参画                k) 俊敏性
f) パートナーとの協働        l) 自律性
```

以下にその一部を紹介しましょう。

● 顧客価値創造
　顧客価値創造とは、顧客が何らかの価値を感じて満足をする状態を新たに作りだすことをいう。特に製品・サービスを顧客が購入するかどうかは、創造された価値が顧客のニーズ及び期待に応えているかどうかによって決まる。組織は、顧客価値を創造できるシステムを構築し、維持する必要がある。

● 社会価値重視
　社会価値重視とは、組織が社会に与える影響に関して顧客及びその他の利害関係者の認識を重視することをいう。組織は、顧客への価値あるアウトプットの提供に加えて、その他の利害関係者及び社会全体から組織としての社会的価値を認識されてこそ持続可能な成長を実現できる。

● ビジョナリーリーダーシップ
　ビジョナリーリーダーシップとは、ビジョンを設定し、これを実現するための明確な方針を定め、組織の人々を指揮し、組織を適切な方向に導くようなリーダーシップのことをいう。トップマネジメントは、環境変化に迅速に対応するために、このようなビジョナリーリーダーシップを発揮する必要がある。

● コアコンピタンスの認識
　コアコンピタンスとは、組織の持続的な競争優位を確保するための源泉となる技術、技能、ノウハウ、組織文化等で、顧客価値創造につながるその組織特有の総合力である。組織は、自らがもつコアコンピタンスを自覚して、環境変化に応じて自己を革新し、競争優位を維持すべきである。

● 全体最適
　組織がその目的を達成するためには、組織の部分の最適ではなく部分を包含した組織全体の最適を目指すことが必要であり、そのために経営全体の視点から各

業務プロセスの最適化が不可欠である。
- **組織及び個人の学習**

    組織が価値を創造し続けるためには、組織全体として環境、外部状況を知り、組織を変革していくことに加え、個人の学習を促し、個人の知を結集し、既成概念にとらわれない革新的な知に発展させ、組織で共有できる知とすることが重要である。
- **俊敏性**

    組織が変化の激しい経営環境で成功するには、俊敏性が必要である。そのためには、既成概念にとらわれない意思決定をし、刻々と変化するあらゆる機会を捉えて事業の成功に結びつけることが重要である。
- **自律性**

    組織は、環境分析及び自己分析にもとづき、価値基準を自ら定め、意思決定し主体的に行動することが重要である。

3 「方針」、「目標」の規格・指針を振り返る

　品質マネジメントシステムを例にとりますが、"品質"をはずせば、どのシステムも同様に考えることができます。
　JIS Q 9000：2006（ISO 9000：2005）
3.2.4　品質方針（quality policy）
　トップマネジメントによって正式に表明された、品質に関する組織の全体的な意図及び方向付け。
　注記1　一般に品質方針は、組織の総合的な方針と整合しており、品質目標を設定するための枠組みを提供する。
　注記2　この規格に示された品質マネジメントの原則は、品質方針を設定するための基礎となり得る。

　上記では、品質方針を例にとりましたが、他の用語も調べてみました。
「環境方針（environmental policy）」
　トップマネジメントによって正式に表明された、環境パフォーマンスに関する組織の全体的な意図及び方向付け。（JIS Q 14001：2004　3.11）
「食品安全方針（food safety policy）」
　トップマネジメントによって正式に表明された食品安全に関連する組織の全体的な意図及び方向付け。（ISO 22000：2005　3.4）
　マネジメントシステムで使われる用語の中で、共通に使われている用語のその定義は、ほとんどの出典がISO 9000です。
　『大辞林（第三版）』によると、「方針」は、「これから進むべき方向。目指す方向」と出ています。一般的にイメージできる用語です。ちなみに、「方針管理」とは、「経営方針にもとづき、中・長期経営計画や短期経営方針を定め、それらを効率的に達成するために、企業組織全体の協力の下に行われる活動」です。これは、㈶日本科学技術連盟による定義です。

第3章 経営に直結させるISOの効果的な方針・目標展開

3.1 品質マネジメントの原則

　a）顧客重視　　　b）リーダーシップ　　　c）人々の参画
　d）プロセスアプローチ　　e）マネジメントへのシステムアプローチ
　f）継続的改善　　　g）意思決定への事実にもとづくアプローチ
　h）供給者との互恵関係
品質目標（quality objective）
　品質に関して、追求し、目指すもの。
　注記1　品質目標は、通常、組織の品質方針に基づいている。
　注記2　品質目標は、通常、組織内の関係する部門及び階層で規定される。

　品質マネジメントの原則は、ここで改めて触れる必要もないですが、1998年6月、箱根ホテル小涌園で行われた「第66回品質管理シンポジウム」で狩野紀昭先生が発表された「品質管理の国際規格と日本の役割」報文の中から、当時仮訳された「クオリティ・マネジメント原則」の表題を紹介します。

　原則1：顧客志向の組織
　原則2：指導力
　原則3：従業員の関わり合い
　原則4：プロセスアプローチ
　原則5：マネジメントに対するシステムアプローチ
　原則6：継続的改善
　原則7：意思決定への事実にもとづくアプローチ
　原則8：相互に利益をもたらす供給業者関係

　上記で「品質目標」について述べていますが、「方針」と同様、一般的に使

われている「目標」という用語と何ら違いはありません。「品質目標」もISOの特別な用語ではないのです。

あまり原文を説明するつもりはありませんが、ここで「品質目標」に使われているのは、objectiveであり、達すべきという意図が隠れています。目指すものであることに違いはありません。

ちなみに、「環境目標」はtargetであり、「環境目的から導かれ、その目的を達成するために目的に合わせて設定される詳細なパフォーマンス要求事項で、組織又はその一部に適用されるもの」とされています。「環境目的」との違いがはっきりしない場合が少なくないのですが、「環境目的」には、objectiveが使われており、「組織が達成を目指して自ら設定する、環境方針と整合する全般的な環境の到達点」とされています。

かえって難しくなったかもしれません。普通、日本語で目的というと、「ねらい」、「めあて」、「実現を目指すことがら」という捉え方をします。「環境目的」は、ある期間をもって、組織が環境（数値）の到達点としたいと思っていること、思っている数値を表すことをいい、「環境目標」は、その期間を細分化して、達成するための手段を検討しながら決める期間達成点と考えればいいでしょう。目標をきちんと達成しなければ目的の達成は遠のいていきますし、目的を達したければ、目標を確実にクリアするというような関係式であろうと思います。

3.2 規格・指針をもう少し振り返ってみよう①

JIS Q 9004：2010（ISO 9004：2009）

4章	組織の持続的成功のための運営管理
5章	戦略及び方針
6章	資源の運用管理
7章	プロセスの運営管理
8章	監視、測定、分析及びレビュー
9章	改善、革新及び学習

特徴的項番
 4.2 持続的成功　4.3 組織環境　4.4 利害関係者、ニーズ及び期待
 5.2 戦略及び方針の策定　5.3 戦略及び方針の展開　6.2 財務資源
 6.3.3 人々の参画及び動機付け　6.7 知識、情報及び技術　6.8 天然資源
 8.3.2 主要パフォーマンス指標　8.3.4 自己評価　9.3.5 リスク

　ISO 9004：2009規格は、ISO 9000ファミリーでありながら、品質側面及び製品実現に関する事項はありません。どちらかというと、どのマネジメントシステムにも対応するパフォーマンスを向上させるための共通事項となっています。副題で「品質マネジメントアプローチ」としていますが、「マネジメントアプローチ」ではいけなかったのでしょうか。

　ISO 9004を改訂する際、改訂作業に他のマネジメントシステムに携わる専門家を加え、どのマネジメントシステムにも対応するものにして、新しく付番しようということはなかったのでしょうか。

　どうも、規格開発も縦割り社会を脱していないように思えてなりません。

　ISO 9004規格における"新しい概念"が解説文の3.2項で紹介されていますので、紹介したいと思います。

3.2 新しい概念
　この規格では、価値提供を通して実現すべき自らの目標を長期にわたり達成し、維持するという、組織の持続的成功に焦点が当てられている。その持続的成

功のために必要な新たな概念として、変化への対応、学習及び革新があげられる。
　a）変化への対応
　　組織は、顧客・その他の利害関係者のニーズ及び期待、競争環境、競争優位要因、ビジネス成功要因などの変化に応じて、組織構造の体質改善や構造そのものの変革を行うことで持続的成功を実現できる。
　b）学習
　　組織は、競争環境において自組織の位置づけを理解し、競争優位に資する情報の獲得、分析、活用を考える組織としての能力、及び個人の行動と組織の価値観を融合させる能力という二つの意味での学習能力をもつことで、持続的成功を実現できる。
　c）革新
　　組織は、それを取り巻く経営環境の変化に迅速に対応するため、必要に即し組織の既存の枠組みの一部又はすべてを否定し、抜本的に見直し、新しい環境に適した枠組みを生み出す革新によって持続的成功を実現できる。

　規格の各所に登場する「持続的成功」という用語については、規格の3.1で「自らの目標を、長期にわたり達成し維持する組織の能力がもたらす状態」と定義し、持続的成功を達成するために行うことが、4.2に記されています。

　4.2　持続的成功
　　持続的成功を達成するために、次のことを行うことが望ましい。
　　―長期的な計画の展望をもつ。
　　―組織環境を定常的に監視し、定期的に分析する。
　　―すべての利害関係者を明確にし、それぞれが組織のパフォーマンスに与える起こり得る影響を評価し、バランスのとれた方法でそのニーズ及び期待を満たす方法を決定する。
　　（以下略）

　規格の5.1に、戦略及び方針の策定、展開を述べる前段としての考えが示されています。それによると、「持続的成功を達成するために、トップマネジメントは、組織のミッション、ビジョン及び価値基準を確立し、維持することが望ましい。これらは、組織の人々、及び該当する場合には、その他の利害関係者に明確に理解され、受け入れられ、支持されることが望ましい」としています。

なお注記としてさらに「この規格において、"ミッション"とは、なぜ組織が存在しているかについての記述であり、"ビジョン"とは、組織の望ましい状態、すなわち、組織がどうありたいか、また、組織がその利害関係者によってどのように受け止められたいかについての記述である」としています。

また、「戦略」については、5.2で「特に長期にわたって、目標を達成するために論理的に構成された計画又は方法を意味する」とも定義しています。

> 5.2 戦略及び方針の策定
> 　トップマネジメントは、組織のミッション、ビジョン及び価値基準がその利害関係者に受け入れられ、また、支持されるために、組織の戦略及び方針を明確に定め、示すことが望ましい。(中略)
> 　―顧客のニーズ及び期待、競争状況、新技術、政治的変化、経済的見通し又は社会学的要因を含め、組織環境を継続的に監視し、定期的に分析する。(中略)
> 　組織の戦略策定は、顧客又は規制上の要求、組織の製品、強み、弱み、機会及び脅威の分析などの活動を考慮することが望ましい。
> 5.3 戦略及び方針の展開
> 　持続的成功のための戦略及び方針を実施するために、組織は、次の事項に関するプロセスを確立し、維持し、実施することが望ましい。
> 　―組織のしかるべき階層のすべてに対し、組織の戦略及び方針を測定可能な目標に必要に応じて展開する。
> 　―各目標に対する日程計画を定め、目標を達成するための責任及び権限を割り当てる。
> 　―戦略的リスクを評価し、適切な対応策を定める。
> 　―必要な活動を展開するための資源を提供する。
> 　―これらの目標を達成するために必要な活動を実行する。

3.3 規格・指針をもう少し振り返ってみよう②

JIS Q 9005：2005　質マネジメントシステム―持続可能な成長の指針

4章	質マネジメントシステムモデルの基本概念
5章	学習及び革新
6章	質マネジメントシステム
7章	経営者の責任
8章	経営資源の運用管理
9章	製品・サービスの実現
10章	質マネジメントシステムの改善
11章	顧客及びその他の利害関係者の認識の把握
12章	質マネジメントシステムの革新

特徴的項番
　6.3 経営戦略　　6.4 事業戦略　　7.3 利害関係者に対する責任
　8.3 パートナー　　8.6 財務資源　　8.7 知的資源
　9.2 マーケティング　　9.3 研究開発　　9.9 製品・サービスの販売
　11.3 組織の人々の満足　　11.5 投資者・株主の信頼　　11.6 社会に対する影響
　12.1 戦略的マネジメントレビュー　　12.2 自己評価

上枠は、JIS Q 9005：2005 規格の章構成です。

この規格が新版 ISO 9004 の改訂作業にインプットされ、活かされたことは、章立て、各項目を見れば理解できると思います。

質マネジメントとしたタイトルについて、ある人が「品がない」といったとかいわないとか聞いたことがありますが、"持続可能な成長の指針"とした段階で、"品質"にこだわる必要もなかったのではないでしょうか。

ただ、この規格で筆者が関心を持った項番は、9.2 マーケティング、9.9 製品・サービスの販売、11.3 組織の人々の満足、です。これまであまり言及されてこなかった事項です。

質方針の策定と展開に関する項目を以下に抜き出してみました。

7.4.1　質方針の策定
　トップマネジメントは、効果的、かつ、効率的な質マネジメントシステムの構築、実施、維持、並びに継続的な改善及び革新のために持続可能な成長を実現する基礎となる質方針を確立し、実施し、維持するとよい。

質方針について次の事項を確実にするとよい。
― 経営理念、ビジョン、経営戦略、及び事業戦略に対して適切である。
― 質マネジメントシステムの継続的改善及び革新に対するコミットメントを含む。
― 各階層における明確な目標の設定及びレビューのための枠組みを与える。
― 組織全体に伝達し、理解させ、行動させる。
― 目標達成のための方策を含む実施計画を作成する。
― 適切性の維持のためにレビューする。

7.4.2 質方針の展開

トップマネジメントは、質方針を組織全体に展開するに当たって、次の事項を確実にするとよい。

a) 課題の決定
　事業戦略、継続的改善及び革新への課題、戦略的マネジメントレビュー及び自己評価のアウトプット、マネジメントレビュー及び内部監査のアウトプットなどから、取り組むべき課題を決定する。

b) 目標の設定
　課題ごとに、組織内のそれぞれの部門及び階層で目標を設定する。

c) 方策の立案
　目標及びそれを達成するための方策の関係、担当部門、並びに担当階層を明確にした方策を立案する。

d) 経営資源の確保
　目標を達成するために、財務資源、人的資源およびその他の経営資源を確保する。

e) 管理項目の設定
　目標の達成を管理するための評価尺度を設定する。

f) 実施計画の策定
　方策が確実に実施されるように、実施計画を策定する。実施計画の策定には、次の事項を考慮する。
　― 確保した経営資源及び設定した管理項目
　― 実施事項、実施責任者、実施期日
　― 目標値、中間到達目標値
　― 進捗管理に関する責任者及び方法

3.4 何かに似ていませんか

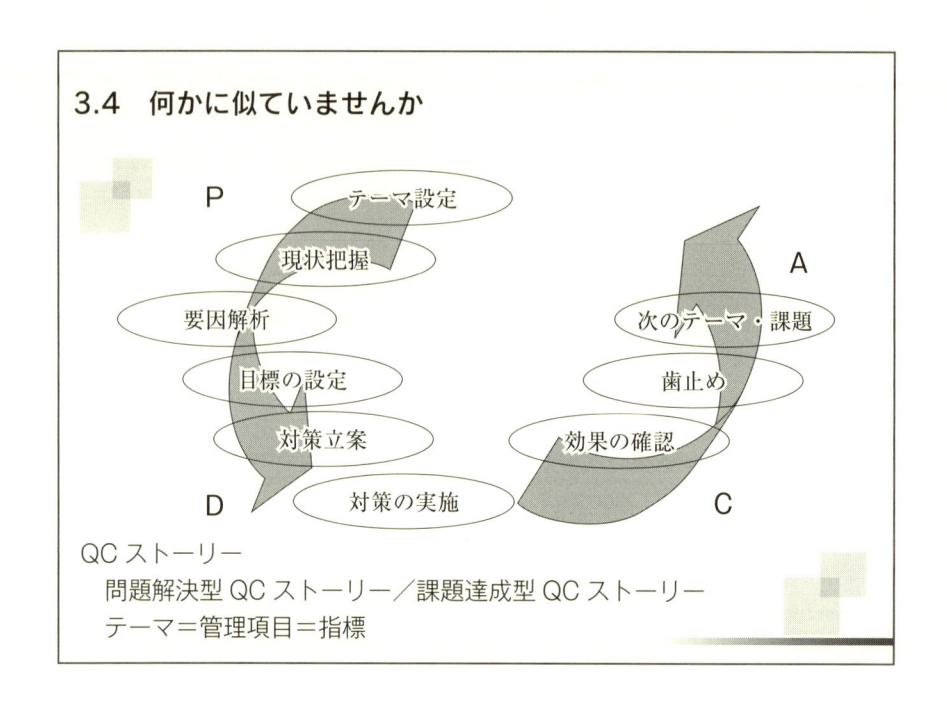

P
- テーマ設定
- 現状把握
- 要因解析
- 目標の設定
- 対策立案

D
- 対策の実施

C
- 効果の確認
- 歯止め
- 次のテーマ・課題

A

QCストーリー
　問題解決型QCストーリー／課題達成型QCストーリー
　テーマ＝管理項目＝指標

JIS Q 9005：2005 では、さまざまな箇条に、TQM の考えや手法がインプ

図表3.1　QCストーリーの手順

問題解決型QCストーリー	課題達成型QCストーリー
STEP 1：テーマの選定	STEP 1：テーマの選定
STEP 2：現状把握	STEP 2：課題の明確化
STEP 3：目標設定	STEP 3：目標設定
STEP 4：要因の解析	STEP 4：方策の立案
STEP 5：対策立案	STEP 5：最適策の追求
STEP 6：対策実施	STEP 6：最適策の実施
STEP 7：効果確認	STEP 7：効果確認
STEP 8：歯止め・管理の定着	STEP 8：歯止め・管理の定着
STEP 9：反省と今後の課題	STEP 9：反省と今後の課題

（出典）㈶日本科学技術連盟「QCサークルのしおり」

ットされています。前頁に、QCストーリーの手順を紹介しました（図表3.1）。また、前にも少し述べましたが、JIS Q 9005：2005の2年前に発行された規格があります。「マネジメントシステムのパフォーマンス改善」と題された次のシリーズ3規格です。

- JIS Q 9023：2003　「方針によるマネジメントの指針」
- JIS Q 9024：2003　「継続的改善の手順及び技法の指針」
- JIS Q 9025：2003　「品質機能展開の指針」

これらについては、この後詳しく解説します。

ちょっとコーヒーブレイク

これから注目されるマネジメントシステム─BCMS

「組織のマネジメントシステムは1つであり、品質・環境などの一つひとつはパーツにすぎない」ということは前に記しましたが、また1つ注目される規格が登場しています。

BCMSとはBusiness Continuity Management Systemsの頭文字をとったもので、「事業継続マネジメントシステム」と訳されています。もともとイギリスの国内規格BS 25999として作成されたもので、現在のような不確実な時代、さまざまな不可抗力が起こり得る環境下において注目され、国際基準として取り扱われるようになり、日本においても認証活動がスタートしています。ISOでも取り上げられ、ISO 22301（事業継続マネジメントシステム）として発行される予定です。

組織の経営において「事業継続計画（BCP）」を策定し、非常時に備えるマネジメントがBCMSです。BCPとは、不測の事態に直面した時に、組織が事業の継続を図るために定める方針や動きなどについて文書化したもので、特定した不測の事態に本当に直面した時、迅速に効果的効率的に対応することで、事業の継続性を確保するとともに、利害関係者からの信頼を確保・維持し続けようということが狙いです。

既に海外では、自然災害に備えてBCPを策定し、迅速な対応を図ったエネルギー会社やホテル、スーパーマーケットなどの事例があります。

日本においても2005年に内閣府から「事業継続ガイドライン」という文書が発行されています。今回の東日本大震災に際し、政府自身のBCMが問われるようになったとは、皮肉なものです。

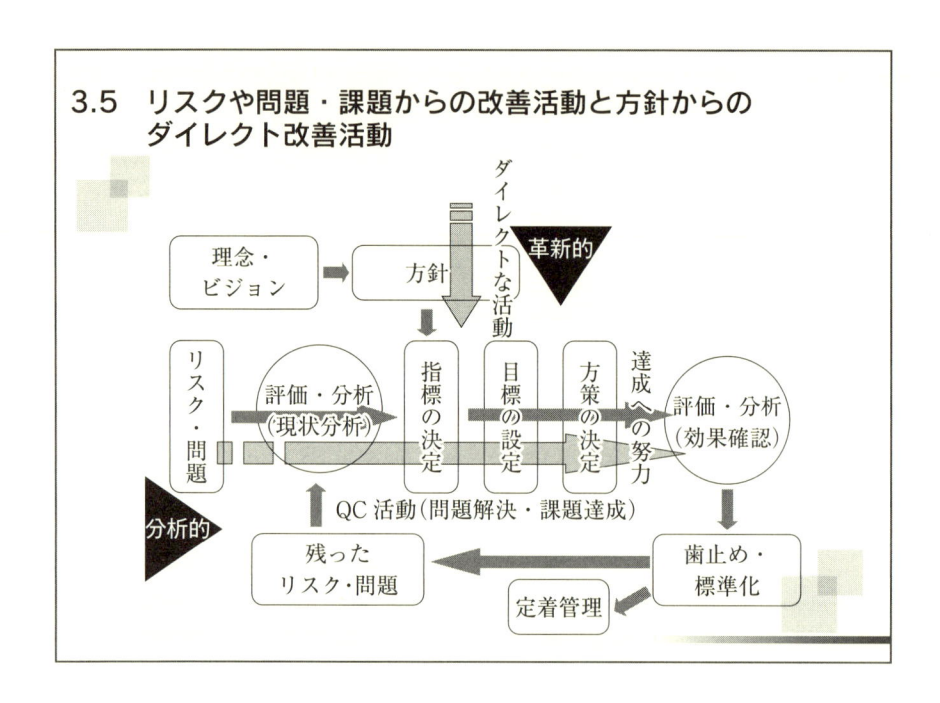

3.5 リスクや問題・課題からの改善活動と方針からのダイレクト改善活動

改善活動に結びつけるテーマ（目的といってもいいかもしれません）を見つける際、現状把握（分析・解析）から入って、側面影響の評価、そしてテーマの決定、目標の設定へと進んでいきます。

ただし、何でもかんでも、そのルートから入らなければならないかというと、そんなことはありません。

例えば、環境マネジメントシステムにおける目的設定にあたり、必ず環境側面の見直し、抽出から環境影響を評価する道を経なければならないのかというと、そうではありません。

組織のビジネス活動では、いきなりトップマネジメントが起案した方針やテーマで活動が始まることが少なくありません。

必ず現状把握（分析）から入らなければならないと思っているという声をときどき耳にしますが、方針からダイレクトにテーマ（目的・目標）につなげることに問題はありません。よって、この辺のアレルギーがあるとすれば払しょくしていただければと思います。

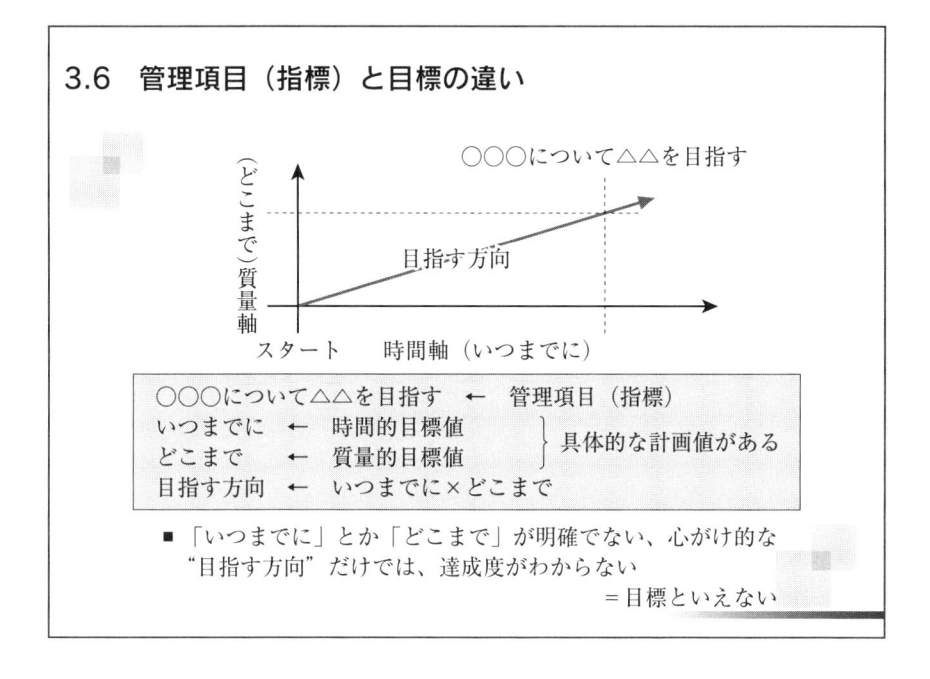

第3章　経営に直結させるISOの効果的な方針・目標展開

3.6　管理項目（指標）と目標の違い

```
（どこまで）質量軸  ↑
                    　　　　　　○○○について△△を目指す
                    　　　　　　　　　↗
                    　　　　目指す方向
                    　　↗
         スタート　　　　時間軸（いつまでに）　→
```

○○○について△△を目指す　←　管理項目（指標）
いつまでに　←　時間的目標値　　┐
どこまで　　←　質量的目標値　　├　具体的な計画値がある
目指す方向　←　いつまでに×どこまで　┘

- 「いつまでに」とか「どこまで」が明確でない、心がけ的な"目指す方向"だけでは、達成度がわからない
　　　　　　　　　　　　　　　　　　　　　　＝目標といえない

「いつまでに」とか「どこまで」が明確でない、心がけ的な"目指す方向"だけでは、
　達成度がわからない＝目標と言えない
　　例：早く走れるようになる　←　指標　　　→　夢（dream）
　　　　来年5月までに　　　　　←　時間的目標→　実現させる期間
　　　　100mを12秒以内に　　　←　質量的目標→　実現させる程度

「夢は、できる限り具体的に、はっきりとイメージできるように描くことで必ず実現する」
ナポレオン・ヒル著『思考は現実化する』（田中孝顕訳、きこ書房、2005年）、
『成功哲学』（田中孝顕訳、きこ書房、2001年）より

　筆者が、ナポレオン・ヒル（1883-1970）博士の『成功哲学』という本に出会ったのは、22歳。小田急電鉄グループが経営するホテルの1つ、小田急箱根山のホテルに勤務していたときでした。

　小田急箱根山のホテルは、富士山を借景とした5万坪の庭園がある芦ノ湖畔

のリゾートホテルで、毎年5月から6月にはツツジやシャクナゲが咲き誇ることで有名です。当時は、ウェイターのヘッドをしていました。完全寮生活でしたので、毎日ホテルと往復するだけでしたが、料理と飲食の技能をきわめようといろいろな勉強をしていた時期でもありました。

『成功哲学』という本に出会って、一番ショックを覚えたのは、「夢はおぼろげに抱いているだけでは実現しない」、「夢は明確に描いて毎日実現したときのイメージを脳裏に焼きつけていくことで実現する」という教えでした。

何か目標をもって歩もうとする時、多くの場合、おぼろげな目標であったり、到達点がはっきりしない目標を持ちがちです。それでは、時間的、質量的な実現イメージがぼやけてしまいます。"いつまでに"と"どこまで"、"どのくらい"を明示しないと、またたく間に時間だけが経過していってしまうものです。

☕ ちょっとコーヒーブレイク

"やる気"は一人ひとりの自己実現の欲求にかかっている

「人の行動動機は、欲求にもとづいている。その欲求は5段階に分かれる。一番初期の欲求から順に、①生理的欲求、②安全の欲求、③社会的欲求、④自我の欲求、⑤自己実現の欲求、と⑤を頂点にピラミッドが形成される。下位の欲求が満たされないと上位欲求に進まない」という法則を導いたのが、心理学者のアブラハム・マズロー（1908-1970）博士です。

人は、欲求を満たし、ほめられ認められる過程を経て、さらに高次元の欲求を満たそうと活動するようになるという説で、さらにマズローが目指した最高位欲求が、社会に奉仕するコミュニティの欲求であるといわれています。

組織の最前線で働く人々の力を結集するためには、参加欲を引き出し、ほめて認めるというマネジメントも実は大変重要です。

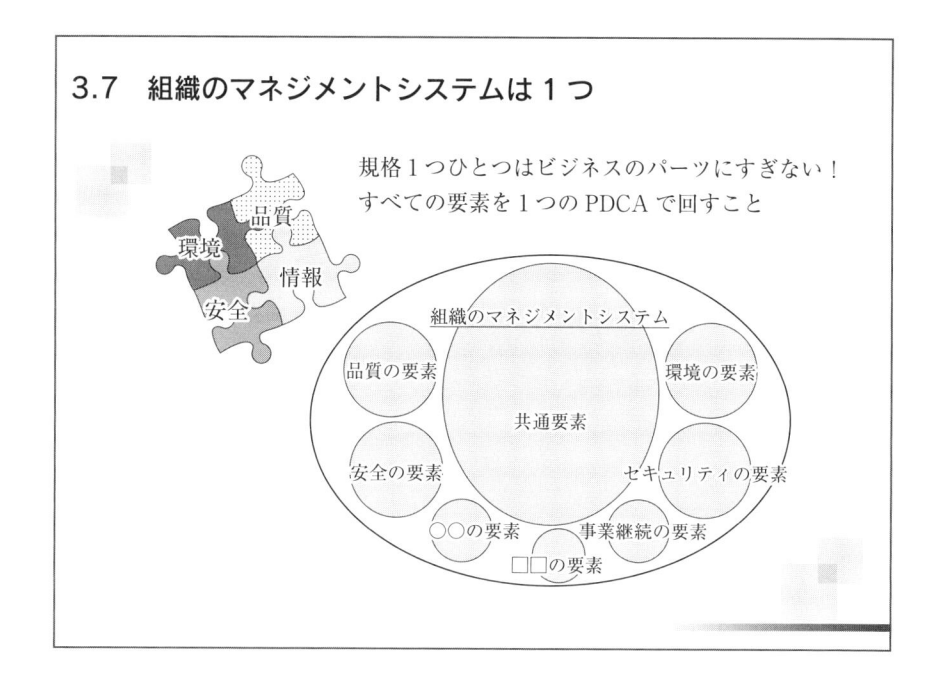

3.7　組織のマネジメントシステムは1つ

規格1つひとつはビジネスのパーツにすぎない！
すべての要素を1つのPDCAで回すこと

品質／環境／情報／安全

組織のマネジメントシステム
- 品質の要素
- 環境の要素
- 安全の要素
- セキュリティの要素
- ○○の要素
- 事業継続の要素
- □□の要素
- 共通要素

　2013年4月にISO内に設置されているTMB（技術管理評議会）のJTCG（合同技術調整グループ）から、規格策定者に向けMS整合化のための指針が発行されました。これは同グループが以前から、各マネジメントシステム規格の整合性を確保するために議論を重ねてきたものです。今後制定・改正されるすべてのマネジメントシステム要求事項規格は、この指針にもとづき、原則としてこの上位構造（HLS）、共通テキスト、共通用語・定義を採用し開発することを義務付けたものです。整合化のためのビジョンは以下の内容です。

> すべてのISOマネジメントシステム規格は、以下の事項の一致の促進を通じて整合し、既存のISOマネジメントシステム規格における両立性の現行水準について一層の向上を求めるものである。
> 　―箇条タイトル　―箇条タイトルの順序　―テキスト　―定義
> 規格間の相違は、個々の適用分野の運営管理において特別な相違が必要とされる部分についてのみ認められる。

　同時に、マネジメントシステム規格の構造（HLS）として、箇条1. 適用範

囲、箇条2.引用規格、箇条3.用語及び定義、箇条4.組織の状況、箇条5.リーダーシップ、箇条6.計画、箇条7.支援、箇条8.運用、箇条9.パフォーマンス評価、箇条10.改善、という基本構成が示されました。

これらは、2012年5月にISO/TMB/TAG対応国内委員会事務局から公表されています。共通テキストの詳細は、JSA（日本規格協会）ホームページ内（国際標準化支援業務― ISO/IECの規定・政策等― ISO/IEC専門業務用指針）で確認することができます。以下に共通テキストの章構成を示します。

図表3.2　共通テキスト章構成

1.	適用範囲	7.1	資源
2.	引用規格	7.2	力量
3.	用語及び定義	7.3	認識
4.	組織の状況	7.4	コミュニケーション
4.1	組織とその状況の理解	7.5	文書化した情報
4.2	利害関係者のニーズ及び期待の理解	7.5.1	一般
4.3	マネジメントシステムの範囲の決定	7.5.2	作成及び更新
4.4	XXXマネジメントシステム	7.5.3	文書化した情報の管理
5.	リーダーシップ	8.	運用
5.1	一般	8.1	運用計画及び運用管理
5.2	経営層のコミットメント	9.	パフォーマンス評価
5.3	方針	9.1	監視、測定、分析及び評価
5.4	組織の役割、責任及び権限	9.2	内部監査
6.	計画	9.3	マネジメントレビュー
6.1	リスク及び機会への行動	10.	改善
6.2	XXX目的及び目的を達成するための計画	10.1	不適合及び是正処置
7.	支援	10.2	継続的改善

※XXXには環境、品質などの対象とするマネジメントシステム分野の名称が記述される。
（出典）「ISOマネジメントシステムの整合性に関して（ISO/TMB/TAG 13-JTCGの動向）」
　　　（ISO/TMB-JTCG対応国内委員会事務局、2010年12月）

3.8 組織の一貫した「考え」の管理

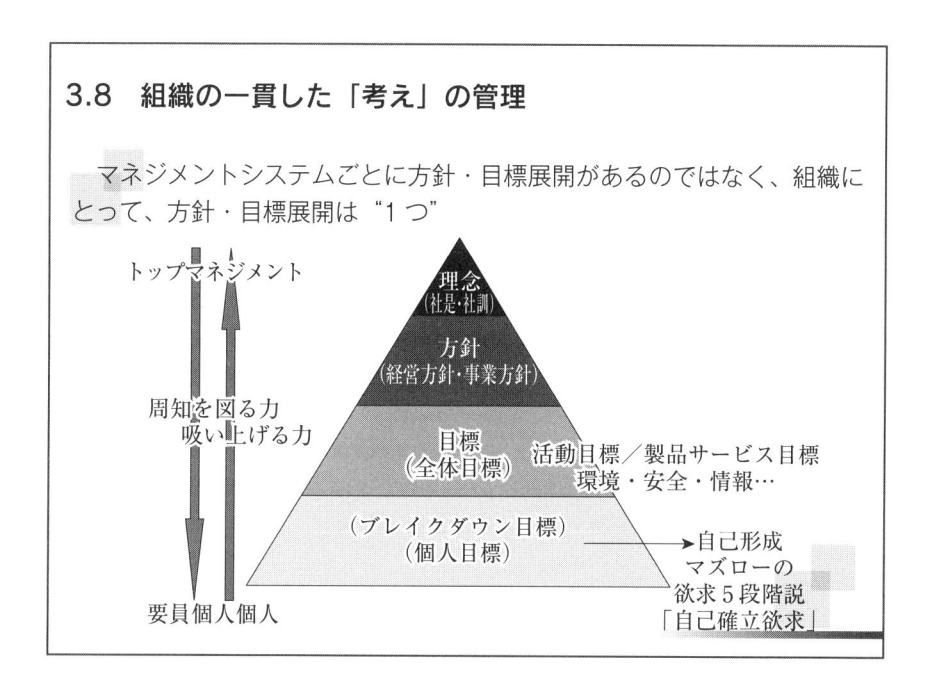

マネジメントシステムごとに方針・目標展開があるのではなく、組織にとって、方針・目標展開は"1つ"

```
トップマネジメント
                    理念
                 (社是・社訓)
                    方針
               (経営方針・事業方針)
周知を図る力
吸い上げる力         目標          活動目標／製品サービス目標
                 (全体目標)       環境・安全・情報…

              (ブレイクダウン目標)
                (個人目標)        →自己形成
                                 マズローの
要員個人個人                       欲求5段階説
                                「自己確立欲求」
```

　品質、環境……と、マネジメントシステム規格ごとに個々の文書化、個々の管理を図っている組織が少なくないと思います。一度構築し、運用実績を積んでしまうと、なかなか変えられないものです。外部審査が個別にめぐってきたり、審査員は、該当するマネジメントシステムのみの審査をして評価していくので、縦割り対応をせざるを得ないという声も聞かれます。

　マネジメントシステムを統合し、複合審査という形態で受審することが効果的で効率的で合理的であると思いますが、共通のマネジメントシステム規格があるわけでもなく、複合審査の実施に関する国際ルールも定まっていない中、せいぜい前項で示した共通テキストがわずかに進んでいるくらいで、まさにこの制度を利用する組織の変革のスピードに追いついていないのが現実です。

　マネジメントシステムを分野ごとに展開するのは、ナンセンスです。マネジメントシステム規格ごとに展開をしているのであれば、ぜひ共通化、一本化していってほしいと思います。

4　周辺の規格を上手に活かす

JIS Q 9023、9024、9025
　タイトル「マネジメントシステムのパフォーマンス改善」
　組織のマネジメントシステムのパフォーマンスを効果的、かつ、効率的に改善していくための支援技法
　マネジメントシステムのスパイラルアップを図る手引き
- JIS Q 9023：2003　方針によるマネジメントの指針
- JIS Q 9024：2003　継続的改善の手順及び技法の指針
- JIS Q 9025：2003　品質機能展開の指針

　前に少し触れましたが、上記で示した規格は、JIS Q 9005、9006 規格と同様、日本国内でのみ発行されている JIS Q 9000 ファミリー規格です。

　筆者は規格開発メンバーではないので、恥ずかしながら、この規格があることを発行されてすぐには知りませんでした。しかし何日かしてこの規格が発行されたことに気づき、中身を読んだとき、すごく嬉しく思いました。

　これまで、㈶日本科学技術連盟で品質管理手法を学んできた内容そのものが規格になっていたのですから……。方針管理、方針展開に関して学んだことが JIS Q 9023 に、小集団活動や QC 七つ道具、新 QC 七つ道具に関して学んだことが JIS Q 9024 に、機能展開に関して学んだことが JIS Q 9025 になっていたのです。

　すぐに審査員研修会の題材に取り上げ、WG を作ってみんなで、どのように審査の場面で活用しようか研究したものです。

　次項から、各規格の概要と、主な事項について述べます。

第3章　経営に直結させるISOの効果的な方針・目標展開

4.1　周辺規格①

JIS Q 9023：2003　方針によるマネジメントの指針

4章	基本概念
5章	中長期経営計画の策定
6章	方針の策定
7章	方針の展開、並びに実施計画の策定及び管理項目の設定
8章	方針の実施、実施状況の確認及び処置
9章	方針の実施状況のレビュー及び次期への反映

特徴的項番
　4.1 方針によるマネジメントの原則　6.2 重点課題の決定
　8.4 トップマネジメントによる診断
　9.2 目標と実績との差異分析　9.3 分析結果にもとづく処置

　品質管理については、多くの先輩、先生方が研究され発表され、書籍としても多く出版されていますので、ここで語るつもりはありませんが、上記の"特徴的項番"で示した部分は、品質管理において特にポイントとなる事項であろうと思います。

　重点管理、トップ診断、ギャップ分析などは、(財)日本科学技術連盟が推進する「日本品質奨励賞」での重要なポイントにもなっています。

　せっかくですから、(財)日本科学技術連盟ホームページを引用して「日本品質奨励賞」について紹介しておきます。混迷深まる世情の中、ビジョンを失っている組織も多いと思いますが、ぜひ企業体質の強化と品質経営の推進により、「日本品質奨励賞」を目指してはいかがでしょうか。1つの大きな目標になるのではないかと思います。

　「日本品質奨励賞」は、「TQM奨励賞」と「品質革新賞」の2つの賞で構成されています。
　「TQM奨励賞」は、品質の改善が着実に進展しており、さらにその継続と活動

範囲の拡大が図られれば、企業の業績が向上し、デミング賞実施賞の受賞のレベルに到ると思われる組織の品質マネジメントシステムを積極的に表彰し、今後の一層の発展を促す動機を提供することを目的とするものです。

「品質革新賞」は、日本品質奨励賞の目的に沿って、TQM を構成する諸要素（TQM 奨励賞の「一般基礎項目」や「個別重点項目」に相当する側面、あるいは「成果評価項目」の側面など）について、他の組織の模範となる創造的で革新性をもった取組み及びその成果を積極的に表彰するものです。

これらの賞を得る上で審査が行われますが、審査項目、テーマは以下の内容です。

TQM 奨励賞の審査項目
1. トップのリーダーシップ
2. 改善活動
3. 標準化と日常管理
4. 新商品開発
5. 新技術開発
6. 品質情報の収集・分析・活用
7. 情報技術の活用
8. QC 手法の活用
9. 小集団活動の展開
10. 人材の育成
11. TQM の推進
12. その他、経営課題に固有の項目

品質革新賞のテーマ例
1. 安全・安心のための未然防止の仕組み・方法の革新
2. 現場力を強化した革新的事例
3. 人づくりの実践と改善力の革新
4. 小集団活動の革新
5. 関係会社・協力会社などを巻き込んだ QA システムやそのための革新的技術
6. 新製品開発システムの革新

品質マネジメントシステムの審査、とりわけ審査員には、このような事項、ポイントを頭において、組織のシステム運用の確認に深みをもたせた審査を行う力量が必要です。

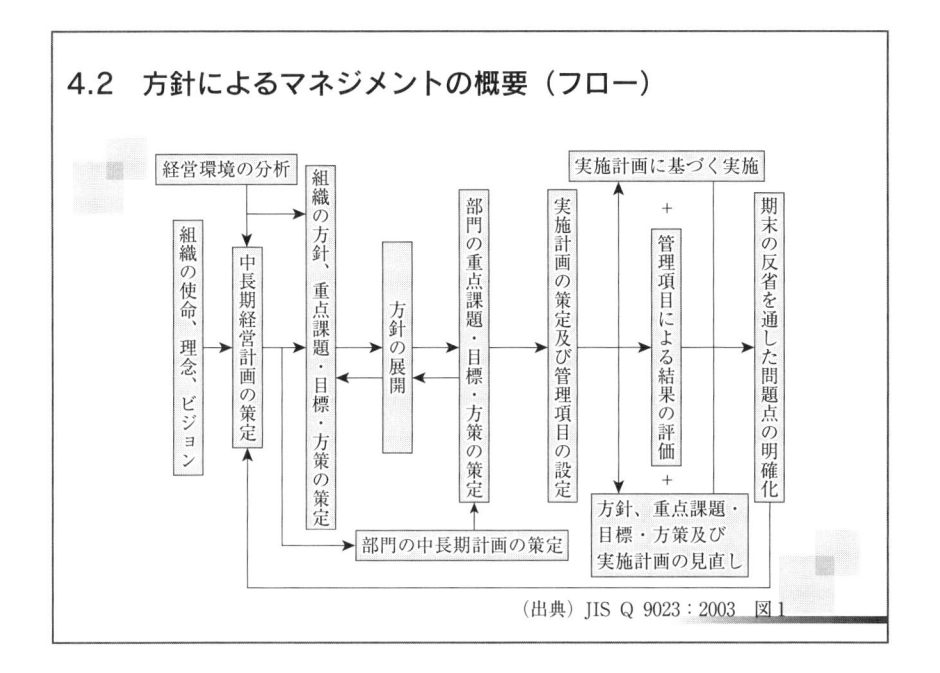

4.2 方針によるマネジメントの概要(フロー)

経営環境の分析

組織の使命、理念、ビジョン

中長期経営計画の策定

組織の方針、重点課題・目標・方策の策定

方針の展開

部門の重点課題・目標・方策の策定

部門の中長期計画の策定

実施計画の策定及び管理項目の設定

実施計画に基づく実施
＋
管理項目による結果の評価
＋
方針、重点課題、目標・方策及び実施計画の見直し

期末の反省を通した問題点の明確化

(出典)JIS Q 9023:2003 図1

JIS Q 9023:2003
- 4.1 方針によるマネジメントの原則
 組織の総合的なパフォーマンスを改善するためには、組織にとっての<u>最重要な課題</u>を摘出し、組織の方向を合わせて<u>確実に課題を解決</u>していくように運営管理しなければならない。
- 4.3.3 方針の実施状況の確認及び処置
 組織は、目標が達成されない、又は方策が計画どおり実施されないような現象を<u>早期に発見</u>できる仕組みをつくっておくことが望ましい。

　ISO の目標展開において、進捗管理(達成状況の確認)を半年に一度のみ、または年度末のみとしている場合があります。

　経営に直結する売上や経費の状況について、半年に一度や年度末にのみ確認するといった組織があるでしょうか。売上や経費であれば、ことさらに毎月毎月、営業部門であればさらに週間管理していることが多いはずです。

　マネジメントシステムで展開する目標に限って、達成状況に対する関心が低

くなるのはおかしなことではないでしょうか。前頁に引用しました JIS Q 9023：2003 の 4.1 や 4.3.3 に書かれているように、マネジメントする必要があります。

また、第1章でも述べましたが、売上や経費から導き出される収益の達成状況と従業員の給与など、報奨とは通常結びついていますが、マネジメントシステムの目標の達成状況と報奨とは結びつけていないことも少なくありません。ぜひ、マネジメントシステムの方針・目標展開による達成状況を報奨に反映させることをお勧めします。

改めて、次に、「評価」と評価に対する「報奨」を結びつけることを記した条項を引用します。また、「提案制度」についても規格を引用しました。「提案制度」もぜひお勧めします。

JIS Q 9024：2003
● 5.3.2 評価
　トップマネジメントは、継続的改善の目標達成に対する組織の人々の動機付け、満足度向上にも貢献できるよう、パフォーマンス改善の結果に対して、報奨する制度などによって評価することが望ましい。
　報奨する制度は、効果的かつ効率的に運営するために、業務分担及び役割に応じたパフォーマンスレベル及び評価を明示した、公正性、透明性を持った仕組みとするとよい。

JIS Q 9024：2003
● 5.3.3 提案制度
　トップマネジメントは、継続的改善に対する組織の人々の動機付け、及び問題に対する改善提案を進めるために提案制度を作ることが望ましい。
　提案制度は、提案件数及び提案内容の質を確保するために、報奨する制度を取り入れ、提案に対する効果の大きさ及び件数に応じて評価する仕組みとするとよい。また、優秀な提案は公開し、組織内で成果の共有化を図るとよい。
● 5.1 継続的改善の課題
　組織は、問題の発生によって改善機会が現れるのを待つよりも、効果的かつ効率的な改善を継続的に追及することが望ましい。

4.3　周辺規格②

JIS Q 9024：2003　継続的改善の手順及び技法の指針

4章	基本概念
5章	継続的改善の運営管理
6章	継続的改善の手順
7章	継続的改善の技法

特徴的項番
　5.1 継続的改善の課題　5.2 継続的改善のための組織化
　5.3 継続的改善のための環境
　7.1 数値データに対する技法　7.2 言語データに対する技法

　統計的手法は難しい、という先入観をお持ちの方が多いのではないでしょうか。またQCサークル活動などを通じて学んで、アレルギーを持たれた方もいるのではないかと思います。手法をムリして使おうとすることで、嫌になった方もいるかもしれません。統計的手法は、あまり難しく捉えず、文字や数字をビジュアルに変換することと思っていただくとよいのではないかと思います。

　テレビでは、キャスターがフリップを使って難しいニュースを説明している場面をよく見ます。このように説明されると視聴者にとって大変わかりやすいものです。フリップをつくる制作担当者は常に、要点だけにする、一目でわかるようにする、傾向や増減をわかりやすくする、ばらつきをはっきりさせる、というような考えのもとに、作成を心がけ、デザインしているようです。

　どうすればわかりやすく伝えられるかを考えればいいわけで、学者のように、このような場合はこのような手法を使おうと考えているわけではないようです。また、現在ほとんどのパソコンの表計算ソフトでは、表をつくりさえすれば、クリック1つでいろいろなグラフが描けるようになっています。棒線、

折れ線、円、面、散布図、等高線、ドーナツ、バブル、レーダーチャートなどが、本当に簡単に表示できるようになりました。また分析、解析、分類ソフトも出ていますから、容易に使えるのではないかと思います。

> JIS Q 9024：2003　6.2.3　目標の設定
> 「現状が把握された時点で、目標が設定される」
> 「目標とは、必ずしもあるべき姿そのものとは限らない。あるべき姿とのギャップが大きすぎる場合には、目標が絵に描いた餅になってしまう場合があるからである。挑戦的な目標設定は必要であるが、非現実的な目標設定を避けるとよい」

JIS Q 9024：2003 の 6.2.3「目標の設定」にあるように目標を設定する場合、現状把握、現状分析が欠かせません。「今、どうなのか？」がわからないままに目標設定し、その目標を追いかけるのは、モヤの中を走るようなものです。

目標は、努力すれば手が届きそうな設定をしたいものです。はるかに高い目標では、やる気をなくさせますし、低すぎると容易に達成して、努力や向上心を削いでしまいます。

既に日常業務としてルーチンワーク化している業務を目標とするとやる気を削ぐ結果になりかねません。例えば「毎月必ず研修会を実施する」という目標です。研修会をすることが目標なのでしょうか。研修会の中身、研修会からアウトプットした事項、業務への活用度などが重要なのではないでしょうか。

もう1つ、当たり前の望ましい姿を目標にしているケースも多く目にしますが、これもどうかと思います。例えば、「事故ゼロ」、「不良ゼロ」、「納期遅れゼロ」、「クレームゼロ」などのいわゆる「ゼロ目標」です。「ゼロ目標」は、1になった時点で未達成が確定します。しかし、1になることを避ける努力はできても回避することはできないことが現実には多いと思います。「ゼロ目標」は、どちらかというと目標ではなく、方針だと思います。

4.4 データ分析の重要性

> JIS Q 9001：2008
> 8.4　組織は、マネジメントシステムの適切性及び有効性を実証するため、また、マネジメントシステムの有効性の継続的な改善の可能性を評価するために適切なデータを明確にし、それらのデータを収集し、分析しなければならない。
> 8.2.1　組織は、…（中略）…顧客要求事項を満たしているかどうかに関して顧客がどのように受けとめているかについての情報を監視しなければならない。
> 　　注記　顧客がどのように受けとめているかの監視には、顧客満足度調査、提供された製品の品質に関する顧客からのデータ、ユーザ意見調査、失注分析…（中略）…のような情報源から得られたインプットを含めることができる。

　品質マネジメントシステムの審査で箇条8.4はきわめて重要です。「今、実際どうなのか？」をきちんとつかむということだからです。

　ISOの活動の前からTQMを取り入れていた組織ほど、データ分析が行われているように思いました。なぜならTQMでは「現状を把握する」ということを大事な入口にしているからです。

　審査で、「8.4は、3つのことを求めています」とよく話します。データを「明確にすること」、「収集すること」、「分析すること」の3つです。

　データはやみくもに集めるものではありません。どのようなデータを集めるのがよいかをまず決めましょう。そして、決めたデータを集めましょう。そしてそれを分析します。

　ISO 9001の2008年版では、注記ではありますが、顧客の受け止め方の監視の1つに「失注分析」という例示をしています。受注できなかった案件の情報というのは、多くの組織で営業担当者の胸の内にとどまっていることがあります。受注できなかった案件のデータを残しておくこと、1箇所にまとめて集約

すること。そうすれば、受注できない原因のキーとなる要因が分析によって見えてきます。価格だけで負けたのか、品質の問題か、納期の問題か、営業技術の問題か、地域特性や規模特性に傾向はないか……。営業活動は、担当者個人の力量に支えられて、一匹狼型で動く場合が少なくないですが、組織としての営業力向上を目指さなければ、抜本的改善にはつながりません。

　もう1つ、顧客満足度調査について述べます。

　多くの組織が顧客に対して「アンケート調査」を実施し、収集し、分析しています。さて、その調査結果は、組織の顧客の全体を推論するのに適切でしょうか？　アンケートの相手は、目先の顧客だけでよいでしょうか？　将来、顧客になるであろう市場の声は対象にしなくてよいでしょうか？　アンケートで質問する事項は、営業戦略に使うことを踏まえて十分練られたでしょうか？

　実施する前に、どのような活用をするかを決定しないと、アンケートの結果を集めて集計したところで終わってしまうものです。一般的には、営業活動や製品・サービス開発、企画、設計などに活かすべく顧客の受け止め方や行動を探ることがアンケート調査の目的です。そのため、活用目的に添って、誰に、どのようなことを、聞くかを決めるなど、事前の準備がたいへん大事です。また、多数の相手がある場合、「どうサンプリングするか」、「回収率はどの程度を目指すか」について適切に決定することが重要です。

　一度始めたアンケート調査は、調査項目をコロコロ変えず、ある程度の間、一定の項目で行います。そうでなければ、回答から得られた情報の傾向がつかめなくなるものです。

第3章　経営に直結させるISOの効果的な方針・目標展開

4.5　品質マネジメントの8原則にみるデータ分析

JIS Q 9000：2006（ISO 9000：2005）　0.2
　g）意思決定への事実にもとづくアプローチ
　　　効果的な意思決定は、データ及び情報の分析に基づいている
　　　　全体的に見てどうか、
　　　　増えてきているのか、減ってきているのか
　　　　新しい側面が見え始めているのか
　　　　どこに重心があるか
　　　　ばらつきはどの程度か
　……などについては、1つのデータだけでは見えてこない。
層別分類する、グラフ化する、関連づけしてみるなどしないと見えてこない。いつも全部に手を打てるわけではないから、重点課題に資源を投入せざるを得ない。

だから分析が必要

　前述しましたが、品質マネジメントの8原則の中に、「意思決定への事実に基づくアプローチ」があります。

　組織がその歩む道筋において適切な意思決定をしていくためには、「たぶん」は感心しません。動物的なカンによる意思決定を否定するものではありませんが、可能な限り事実にもとづいて意思決定したいものです。その事実が「データの分析」によってビジュアルにあぶり出されてくるのです。

5 経営に直結させた方針・目標展開事例

5.1 経営にリンクさせた方針展開事例

- 方針をレビューし、ISO活動の非文書化、ペーパーレス化を新方針とした事例
  → ともすると、ISOの活動が環境負荷をかけてしまっていることがある。そのため、ある組織は、あえてISO活動を最低限の文書化にし、さらにペーパーレス化、つまりIT化にするという事業方針を持ち、これが品質に貢献し環境に貢献することとしている。
- わずかな方針の変更で、活動を大きく前進させた事例（不適合品の考えを変える）
  → ある組織は、不適合品を減らすという考え方を発想から逆転させ、不適合品を積極的に売るという方針に転換している（現在食品メーカーを中心に不適合品が大事な商品として売上を伸ばしている）。

　マネジメントシステムに取り組むにあたって、最初に方針を文書化することと思いますが、方針が普遍的なものとして捉えられているように感じることがあります。確かに方向性としては、ある程度普遍的な内容になるものと思います。しかし、マネジメントシステムにおける方針は、理念や社是とは異なり、もっとその側面のことを捉えた、現時点での方針という考えで定めてもよいのです。

　ある旅館が、その夕食提供において、お客様ごとの会席膳型料理を提供し続けていたこれまでの"やり方"を、お客様に料理を取りに行っていただき、好きなメニューを好きなだけ取っていただくバイキング型料理提供へと変えたとしたら、大きな方針転換です。人材派遣をしている会社が、これまでは完全雇用型派遣を売り物としていたのを、登録型派遣にしたのなら、これもまた方針の変更です。

　このような、その時点での考えを具体的に示した「方針」でもよいのです。

5.2　経営にリンクさせた目標展開事例①

- クレーム数の削減でなく、クレームによって生じた損失金額を目標にした事例
  - →ある組織は、クレームによる損失や処理費に着目し、件数を減らす目標から損失金額を減らす目標に転換している（前年約1000万円出ていたクレームによる損金を半減させ、約400万円に削減する目標を立てた。目標は達成しなかったが、コストが減ったことで約200万円を従業員に還元し、さらにモチベーションをあげた）。
- 売上金額でなく失注件数の削減を目標にした事例
  - →ある組織は、営業担当者に徹底的に受注できなかった案件の分析をさせ、失注件数を減らす目標を持たせ、的を射た効果的・効率的な営業活動へと導いている。

　クレームには処理コストがついてまわることが多く、この処理コストを減らさない限り、経営に直結する収益に貢献しません。クレーム処理コストの半減などの目標を持って努力することはたいへん重要です。筆者自身も、ホテルや結婚式場でサービスに携わっていたとき、クレーム対応に奔走し、値引きしたり、お詫びの品を届けたり、他の施設を紹介して機会損失したり、代替サービスを提供して差分負担したりというような処置をしていました。

　このように見てくると、目標を設定するとき、そして設定する目標の適切性を判断するときには、経営的センスが必要だとつくづく感じます。

　利益を増やすには、収入を増やし、コストを適正にコントロールすること。収入は、単価×個数、客単価×客数。ですから、1人の顧客の財布のひもをいかにゆるめさせるか、多くの顧客に回数多く買ってもらうか、ムダ・ムラ・ムリを排除し余計な出費を抑えるかという視点が経営にはいつの時代も不可欠です。このような視点で、目標設定ができれば、グッと経営に直結してきます。

5.3　経営にリンクさせた目標展開事例②

- 電力・水道の使用量削減から、料金削減の目標に切り替えた事例
  → ある組織は、電力・水道の使用量を削減するという目標から、電力会社・水道局への支払い料金を削減するという目標へと転換し、使用しないという活動から、どうすれば長い目で料金を減らせるかの研究へと進め、レイアウト変更での太陽光の取入れや夜間作業の短縮などのQCサークル活動に取り組んでいた。
- 中間顧客を意識し売上を向上させた目標事例
  → ある菓子メーカーでは、エンドユーザーである消費者ももちろんのこと、中間顧客である小売店も重要視し、陳列棚へのフェースの取られ方を目標展開し、パッケージの工夫へとつなげていた。

　ホテルや旅館の経営コンサルティング活動の傍ら、コンビニエンスストアの経営を妻と約13年間行っていました。

　コンビニエンスストアは、ご存じのとおり生活密着型商売で、立地や近隣の環境変化に非常に影響される業態です。とにかく「変化への対応」と「売る努力」を勉強した13年間でした。「鮮度は、食品だけではなく、何にでも鮮度があり、壁に貼ったポスターも鮮度がある」、「あらゆる情報を駆使して明日の販売数を予測して発注し、入ってきた商品を売り切る」、「商売はお客様との心理戦。買う心理に応える」など、たくさんのことを学んだものです。

　商品を納めるメーカーも、いろいろと知恵を絞り、消費者に買ってもらう工夫をしていました。下段陳列より目線陳列、1フェースより複数フェース、1段陳列より複数段陳列……と、陳列1つとっても、売るコツ売れるコツがあるものです。ISOの審査員として訪ねた菓子メーカーやスーパーマーケットで、このような観点を目標にしているか否かは、かなり重要なポイントです。

5.4 Output matters を意識した目標展開事例

- 旅行会社がとる宿泊利用者アンケートと同様のアンケート設問で、顧客の受け止め方を先行入手しているホテルの事例
    - →あるホテルでは、大手旅行会社が行っている利用者アンケートを自ホテルの利用者アンケートに採用し、点数の目標を展開し、旅行会社のアンケート結果を待つ前にタイムリーに結果をつかみ早く改善することで、結果として旅行会社の評価をあげ、高額宿泊企画による送客を得て稼働率や客単価をあげている。
- イメージ調査結果を環境活動の目標にしている事例
    - →ある組織は、有名出版社が行う企業イメージ調査の評価点向上を目標に掲げ、有害な側面に対する活動よりも、社会貢献事業など有益な環境活動をダイレクトに展開している。

何のために ISO の活動に取り組んでいるのか、何を目指せばお客様の満足度をアップさせられるか、活動のそもそも論を議論すると答えが出る場合があります。

同業他社と同じ目標設定、目標展開では、導く結果は同業他社と変わりないのではないでしょうか。

マネジメントシステムの運用においても、他社と違うユニークなところに着目して目標設定、目標展開するのも1つの方法だろうと思います。

> ### 5.5　第3章の中間まとめ
>
> - 適合性だけに着目した、ISOや審査のための方針・目標展開から脱皮すること
> - 経営に直結させるなら、複合的な視点の方針・目標展開をすること
>   マネジメントシステムごとに方針をつくらない。
>   マネジメントシステムごとに目標をつくらない。
>
>   品質の目標は環境の目標、安全の目標、リスク低減の目標
>   ―マネジメントシステムごとに追いかけさせるから、ムダ・ムラ・ムリが起き、ある側面で事故が起きる。
>
>   品質目標に挑戦すると環境目標が未達になったり、環境目標を達成させんがために品質維持ができなかったり……

　環境目標に「廃棄物の削減」を取り入れている組織は少なくありません。

　食品業界や食品小売業界においては、「衛生管理の徹底」と「廃棄量削減」は、背中あわせの内容です。経営上、販売ロス（機会損失、チャンスロス）を起こしたくない中で、生産管理、出荷がなされる中、「衛生管理レベル」を高めると「廃棄リスク」も高まります。

　もっとも鮮度があるのは、食品だけではありません。どんなものにも鮮度（売るに適した期間、売れる期間）があるものと思います。

　「品質マネジメントシステム」と「環境マネジメントシステム」は、別々に動こうとすればするほど、相反することにぶち当たることがあります。

　他のマネジメントシステムを含め、組織の"マネジメントシステムは1つ"のもと、方針・目標展開を1つにしていくことがよいのではないでしょうか。

　結果的に、ある目標は、「品質」の目標であり「環境」の目標になるでしょうし、「環境」の目標が「安全」の目標にもなるものと思います。

5.6 MS 種別にこだわらない包括的展開の一例

- 目標の考え方の基本は、経営収支と同じ！
- 年間の目標→半期の目標→月の目標→週の目標
- 前年のデータがとぼしいほどアバウトな期間目標、質量目標となる。
- 途中の進捗把握によって、上方修正や下方修正の判断が必要
- 年間のいつの時期でもモチベーションを維持させ続ける状態の設定が望ましい。

　目標の考え方の基本は経営収支と同じです。

　次年度の売上や経費の目標を決定する際は本気になるものです。同じように、マネジメントシステムの目標設定にも本気になりたいものです。

　売上や経費は、年度途中でも本気で進捗管理がなされます。同じように、マネジメントシステムの目標にも本気で進捗管理したいものです。そうすることで、パフォーマンスがダラダラせず、目標達成がより早く確実になっていくのではないかと思います。

5.7　後工程はお客様

- もともと日本の品質管理の考えの基本には「後工程はお客様」というのがある。
- 「品質は工程でつくり込む」とも「品質は源流でつくる」ともいう。
- 次の人に迷惑をかけないという日本の精神文化があります。次の人に迷惑をかけない精神教育が施され続けない限り、品質改善、品質向上、効果・効率の向上は望めないのではないか。
- そして、他力目標ではなく、自分の工程の自力目標を各々が持つことが重要と考える。
- 規格解釈をめぐって、どの部門、階層で目標を持てと議論するのではなく、経営に直結させるためには、全員が「集団としての目標」をブレイクダウンした「個人の目標」を持つことが必要である。

　自分の仕事の後に次の工程があるとしても、次の工程で何とかなると思わないで、自分の次はお客様と考えようというのは、接客サービスと同じです。自分の仕事、自分の工程でベストをつくす。自分の工程でベストな品質をつくりこむ。

　目標展開を考えるとき、マネジメントシステムの側面ばかり気にするから、ある部門は目標を持たなくてもいいのではないかとか、その階層まで必要ないのではないかという議論になるのです。

　経営上、目標が不要な部門や階層はないはずです。何らかの側面ですべての部門、階層がつながっています。組織に必要のないマネジメントシステム要素はありません。品質、環境、情報セキュリティ、安全衛生、事業継続……。すべての要素が、もともと組織には必要です。認証取得を求めずとも、マネジメントシステム運用は必要なのです。

　全社をあげて、すべての側面のマネジメントシステムに取り組んでほしいと思います。

5.8 「悪さ」には本気で真の改善を！

- 修正処置、是正処置、予防処置をきちんと使い分ける。
  修正処置＝検出された不適合を除去するための処置
  是正処置＝検出された不適合又はその他の検出された望ましくない状況の原因を除去するための処置
    例えば、火災が発生したら……
    消すことが修正処置
    原因が寝タバコならば、タバコを吸わせないのが是正処置の一例
- 悪さ1つにつき1つの是正処置は必ずしも必要でない場合がある。リスクに見合う是正処置を。
- 「他人のふり見てわがふり直せ」こそ予防処置。

　実は、筆者自身も、ISOに出会う前は、規格の求める「是正処置」は、一般的な「単なる処置」という意味に捉えていました。

　国語辞典の『大辞林（第三版）』によると、「是正」とは、「誤っている点をなおし、正しくすること」となっています。どこにも「再発防止」とか「繰り返さない」などとは出てきません。原文のcorrectiveを調べても同様です。

　ですから、一般的に組織が、是正処置を「改める」「正す」と捉えて、処置するだけでも、十分なのかもしれません。

　それとは別に、品質管理では、昔から「原因の特定」に続く「再発防止対策の立案と実施、その評価」といういい方をし、そして直す処置、戻す処置を「応急処置」と呼んできました。日本でのこの呼び方のほうが、よほど組織には理解されたのではないでしょうか。

　ただし、注意しなければならないのは「予防処置」です。品質管理でいう「水平展開」とイコールかというとそうでもありません。「水平展開」もその1つですが、ニュースなどから得た他の悪い事象をもとに、当社が起こさないよ

うに歯止めをしておく対応処置も「予防処置」といえます。品質管理では「未然防止」といいますが、このほうがわかりやすいと思います。

スーパーマーケットで起きたエスカレータの事故（2007年、上りエスカレータの手すりから児童が上半身を乗り出し天井との間に挟まれ、重傷を負った）を情報源として、首が挟まれないように、全面壁となっている側が上りとなるよう、上り下りを逆にしたホテルがありました。何のマネジメントシステムの予防処置として実施するのかではなく、お客様のために実施した処置でした。事故が1つ起きれば、それは「品質」にも「環境」にも「安全」にも「経営」にも影響を与えるのです。「顧客のために」、「経営のために」あらかじめとっておく処置が「予防処置」です。

是正処置（再発防止）や「予防処置」は、組織の大切なノウハウです。次世に申し送るノウハウと思います。「あのときこう対応した」、「手順をつくっていた」となれば、後を支える要員へのメッセージ、道しるべにもなるのではないでしょうか。

文書化の程度については、第2章で触れましたが、筆者は、「是正処置」と「予防処置」の記録をしっかりファイルにまとめて蓄積していくことをお勧めします。規格が要求するからつくるのではなく、組織の持続的成長のため、次世代への引き継ぎのために……。

6 審査側の変化

組織が使用している用語の受け入れ
　規格が「品質方針」を定めよ、としていても、必ずしも「品質方針」というタイトルにこだわらない。
　「品質に対する考え」とか「事業方針」とかであろうが、要は内容が適切であるかどうかである。
　「○○目標」についても「○○計画書」としている場合もある。
単一の規格側面から見るだけでなく、複合的に、そして TQM の観点から見る審査
　ある事象を見たら、たとえ品質マネジメントシステムの審査でも環境上のリスクや、逆に環境マネジメントシステムや労働安全衛生マネジメントシステムの審査でも、品質上の問題点を併せて見ていくこと。
　TQM 視点のチェックリストも運用中。

　規格で使われている用語に固執する必要はありません。規格には規格作成にあたって、いろいろと議論しつくされた上で決定された用語が使用されていますが、組織には、組織に馴染む用語があります。

　かたや審査では、規格の意図を捉えて中身で確認することを重要視し、タイトルとしてつけられた用語に柔軟に対応することが適切でしょう。

　また、品質の審査に出向いたから、品質以外のことには口をはさまないというのではなく、「組織のマネジメントシステムは1つ」の観点「ビジネスの視点」から、必要に応じて複合的に見ることを目指したいものです。

　ある時、ビル清掃の組織の現場審査で見た事例です。品質の審査でした。転落の危険性があるビル4階の屋上のすみで、清掃員の方が草むしりを危なっかしく行っていました。顧客要求事項を満たす活動をしており、まさに品質としては適合。しかし、「作業の安全面で、リスクを特定し手順を明確にして周知しているでしょうか」、「緊急時の対応は現場でも取れますか」と聞くと、何も手を打っていないということでした。

ISO 9001：2008の「6.4作業環境」で指摘するとか、しないとか、労働安全は要求事項外だというような議論ではなく、組織にとって、検討・改善の余地があるのではないかと思い、記しました。本件は、実は、この組織と、事前にこのような審査サービスの提供を働きかけ、トップマネジメントに合意を得ていたためできたことですが、このような広い審査こそ、本来必要なのです。

第3章　経営に直結させるISOの効果的な方針・目標展開

> ## 6.1　審査側の変化①
>
> **excepted outcomes、output matters 重視**
> 　マネジメントシステムの活用によりもたらされる"期待される成果"や"結果的に問題のない製品が提供される"こと
> 　何を目指した活動なのかという原点に立った視点を重視
> **Audit trail による審査展開**
> 　審査に際してある事象（例えばある悪い結果や情報）が見られた場合、それを結果から遡り、たどっていき、真の問題（原因）をつかむ審査技術
> 　例えば、ある製品で子どもが怪我をしたという情報が得られたならば、その製品の output から、検査・製造工程・設計・開発・営業・市場調査・方針目標展開・資源などへとたどりつつ遡り、脆弱な部分を検出する。

　上記枠の事例とは別に、筆者自身がある組織への品質の審査で、売り上げが予算に達しない、期待通りの利益が出てこない、というトップマネジメントの声を受けて、8.2.1 から帰納法で展開してみたことがあります。スーパーマーケットへの審査でした。

　「売り場に欠品が生じて売れるときに売れる商品が品切れということはありますか？」→「売り損じや機会損失はありますか？」→「どの商品がいつ欠品していたかデータをきちんとつかんでいますか？」→「欠品情報は発注者に伝わりますか？」→「その情報は発注に活かされていますか？」→「売れ筋商品分析は行われていますか？」→「売れ筋商品は十分確保されていますか？」→「購買先（卸業者）は売れ筋商品の供給力はありますか？」→「売れ筋予測をした購買先開発を行っていますか？」→「顧客の市場動向をどのようにつかんでいますか？」→「売り場では関連陳列やフェースアップ、清掃、声かけなど、売り切る努力がされていますか？」→「死に筋商品の排除はタイムリーに行われていますか？」

ISO 9001 規格でいうと、8.2.1 → 8.4 → 5.5.3 → 7.2 → 8.4 → 7.4 → 7.2 → 7.5 ですが、実際には、途中で懸念点を観察としたり、要員の力量確保や教育・訓練にも言及し、現在の目標設定の適切さ、方針とのつながりへと遡って、小売業として利益を確保する上で一貫した方針管理がなされているか確認しました。

　もちろん、期待される成果である、顧客要求事項及び法令規制要求事項を満たした製品・サービスの一貫した提供と、顧客満足度の向上を意識して審査にあたることは当然でしょう。

☕ ちょっとコーヒーブレイク

指摘する勇気、指摘しない勇気

　小手先で解決がつく、つまり容易に是正処置が図れるようなものは、真の不適合ではないと思っています。放置すると組織の経営に影響を及ぼす琴線に触れる、潜在的な仕組みの悪さこそが真の不適合だと思っています。

　芯となる不適合を探り、規格要求項番に結びつけ、長い目で追跡すべき指摘を、勇気をもってしたいと思います。逆に芯でない不適合は指摘しない勇気を持ってもいいのかもしれません。「不適合」の用語の定義を、机上ではなく現実的に見つめ直してもよいかもしれません。内部監査でも外部審査でも、相手の改善モチベーションを高めさせられなければ、歯止めはきかないし、必ず再発すると思います。

第3章 経営に直結させるISOの効果的な方針・目標展開

6.2 審査側の変化②

適用範囲の考え方、適用範囲を超えたアプローチの研究
　重要なリスク側面を除外した適用範囲としていないか、組織の持続的成長の観点からISO適用範囲が適切かを評価。
　さらに、例え認証の範囲を一部に限定したとしても、活動は全社全域に広げていただくことを推奨、認証範囲を超えた部分についても必要な程度にアプローチすることなどの研究を推進。
組織の業態、プロセスの研究
　組織業態ごとのより詳細な知識・情報の共有、プロセスを研究中。産業分類ごとに「審査ガイド」を発行。審査員研修会の中で例年レビューし加筆改訂を推進。

　一般的には、あまり知られていないことと思いますが、ISO審査登録制度をめぐっては、その信頼性が十分確保されていないのではないかとの視点から、経済産業省が加わった認証制度のあり方に関する研究、検討が、2008年から行われていました。

　経済産業省は2008年7月29日付で「マネジメントシステム規格認証制度の信頼性確保のためのガイドライン」を発行しました。

　このガイドライン制定の背景について、経済産業省は、このマネジメントシステム審査登録制度（認証制度）は有効的に活用できる場面は多く、ポテンシャルは大きいとした上で、「MS認証を取得した企業において認証に係る不祥事が頻発し、MS認証制度がこうした不祥事を抑止できていない点が問題視されるなど社会のMS認証に対する信頼感は高まっているとは言い難い」ため、認証制度の信頼性を確保するため、関係者が留意すべき点をとりまとめたとしています。

　そして、認証機関へは、①認証に係る規律の確保、②審査員の質の向上と均

質化のための取組みの推進、③認定機関への協力を求めています。

　また、認定機関へは、①認証を受けた組織の不祥事などへの対応の適正化、②認定行為の透明化、③有効性審査の徹底、④マネジメントシステム認証制度の積極的広報、⑤マネジメントシステムに係る情報の積極的提供、⑥国際整合性への配慮を求めた内容となっています。

　その後、このガイドラインに応えるために、有識者、認証機関代表、認定機関、及び審査員評価機関が集まって、「マネジメントシステム信頼性ガイドライン対応委員会」が組織され、約1年間にわたって、先のガイドラインに示された事項にどのように取り組むべきか議論が行われました。

　1年後の2009年8月に、その対応委員会によって発行されたのが「マネジメントシステム信頼性ガイドライン対応委員会報告書」というものです。

　この報告書にもとづいて、さらに、認定機関（JAB、JIPDEC）から、いくつかの推奨事項文書が認証機関向けに出されました。

　上記の報告書においては、「認証に係る規律の確保」にあたって、「故意の虚偽説明への対応」、「重大な法令違反への対応」、「認証範囲適正化への対応」が必要であるとしています。1つめの「故意の虚偽説明への対応」に対して、認定機関から「故意に虚偽説明を行っていた事実が判明した認証組織に対する認証機関による処置」に関する文書が、3つめの「認証範囲適正化への対応」に対しては、同じく認定機関から、「認証範囲及びその表記に関する基本的な考え方」に関する文書が出ました。

　特に、「認証範囲及びその表記に関する基本的な考え方」では、認証範囲の基本的な考えとして、

> 「認証範囲は、適用規格が取り扱う利害関係者に関連する、製品・サービスの一連の業務プロセス全体を含むことが望ましい」「申請範囲は組織の判断で設定されるため、機関は、組織のプロセス、製品・サービス、関連サイト、事業部、事業所など、適用規格の取り扱う側面に関連する直接／間接の影響を考慮し、申請範囲の適切性を確認する必要がある」「組織が、その直接的な管理下にある活動範囲のうち、本来認証範囲に含めるべき活動を申請範囲から除外している場合、機関はその正当性を評価し、正当と認められない場合は、認証を与えない」

第3章　経営に直結させるISOの効果的な方針・目標展開

とし、さらに登録証（認証文書）への認証範囲の表記においては、

> 「記載される認証範囲は、認証の利用者が認証範囲に含まれる製品やプロセスを正しく理解できるよう、製品・サービス、プロセス、サイトなどにもとづき正確かつ明確に表現される必要がある」「認証範囲の表記が、認証の利用者及び市場に誤解を招くものではないことを確実にすることは、機関の責任である」「機関は、認証範囲の表記にあたって、次の事項を留意する」「c）組織の営業的要求に便宜を図るような表現をしない」

などが記述されています。

このような背景もあって、"適切な審査登録（認証）"についてさまざま研究を行ったり、議論したりしています。

なお、「マネジメントシステム信頼性ガイドライン対応委員会」はその後、「マネジメントシステム認証懇談会」という名称に代わって、多少メンバーも入れ替わり、継続的に審議が繰り返されており、2010年12月には、「マネジメントシステム信頼性ガイドラインに対するアクションプラン-Part2-」を発行しています。

これらの文書は、関連した機関のホームページにリンクがあり、ダウンロードが可能です。

> ### 6.3　審査側の変化③
>
> **永年活動組織への適切なアプローチの実現**
> 　ISO 認証後数年を経過している組織に対するアプローチを研鑽中。ASRP（先進的サーベイランス・再認証手順）審査の開発と運用スタート。「組織カルテ」システムの開発と運用スタート。さらに「マネジメントシステム監査員検定」制度をスタート。
> **連盟事業との効果的な融合**
> 　ISO 関連セミナー、品質管理技法等のセミナー、日本品質奨励賞への結びつけ、品質経営の推進。

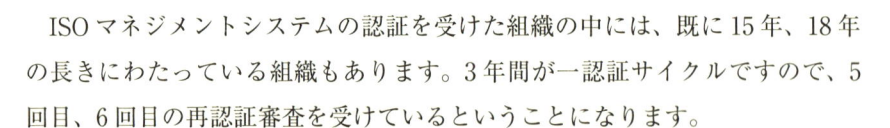

　ISO マネジメントシステムの認証を受けた組織の中には、既に 15 年、18 年の長きにわたっている組織もあります。3 年間が一認証サイクルですので、5 回目、6 回目の再認証審査を受けているということになります。

　マネジメントシステム規格専門誌『アイソス』2010 年 10 月号、11 月号と連続で「10 年目の組織への ISO 審査」と題した特集が組まれました。長い期間、ISO マネジメントシステムに取り組んでいる組織への審査アプローチについて、審査機関の代表者や審査員が述べています。㈶日本科学技術連盟 ISO 審査登録センターにも執筆依頼がありましたので寄稿しました。

　その中でも述べていますが、ASRP 審査について少し記しておきます。

　ASRP とは、Advanced Surveillance and Recertification Procedures の頭文字をとっており、「先進的サーベイランス・再認証手順」と訳されています。審査登録機関への要求事項としては、IAF MD 3：2008 が発行されています。

　この規定は、品質マネジメントシステム ISO 9001 と環境マネジメントシステム ISO 14001 にのみ適用されるもので、この「序文」には次のことが書か

れています。

> 一定の期間にわたってマネジメントシステム（QMS 及び／又は EMS）の有効性を実証することによってそのマネジメントシステムに対する信頼性を確立した組織については、認証機関はその組織と協議して、この文書にて提供されている先進的サーベイランス・再認証手順（ASRP）を適用することを選択してもよい。

㈶日本科学技術連盟 ISO 審査登録センターでは、この規定を満たす手順を構築し、運用することの認定を、2010 年 6 月に JAB より得ました。

この手順を適用できる組織は、もちろん前提条件や資格基準があり、さらに信頼性の度合を評価する内部監査への立会や諸々の調査を行いますが、それらの情報にもとづく審査プログラムの設計の結果によっては、従来の IAF が発行している審査工数の規定である IAF MD 5：2009 に従わなくてよい工数の決定や、審査項目の決定が認証機関に任されるという、いわゆる"先進的"な審査を受けていただけるものです。

7　すべては持続のために

規格に、そして規格要求に捉われない
　規格には、往々にして激しい社会の変化や顧客のニーズ、期待に奔走している組織活動に追いついていない部分、そぐわない部分がある。
　また、規格は変わっていくもので、要求事項も変わり得る。
　よって重要なのは、マネジメントシステムの意義、各要求事項の意図を理解し、すべては組織の持続を主体に、認証するしないに関わらずマネジメントシステムを採用し、継続的に改善を図っていくことである。
　規格要求に捉われる必要はない。

　ISOの認証を取得するのには、さまざまな動機があるでしょう。
　顧客が認証文書を要求している、海外との取引に認証されていることが必要、組織の体質強化を図るため、責任・権限を明確にしたいからなど、いろいろな動機があります。
　しかし、それらはすべて、組織の持続のためであるはずです。
　ISOの認証は組織を持続するための要素の1つとして必要かもしれません。しかし、ISO認証だけで持続できるわけではないことは、容易にわかるものです。取引は増えるかもしれないし安定するかもしれません。しかし、それはマネジメントシステムのきちんとした運用により、組織の活動のアウトプットが、顧客に、そして社会に常に受け入れられ続けることが前提となります。
　ある側面のISO認証がしっかりなされていても、しょせん、そのツール（道具）を効果的に活用し、アウトプットに活かさなければ、新しい武器を得たのに使っていないのと同じです。
　前述したように、法律は変わっていくものです。危機的な事態が起これば、

総動員で基準や決め事の緩和措置を講じなければ、復興できませんし、そういう事態がないとしても、組織がISOマネジメントシステムを"使える武器"にしていかなければなりません。認定機関や認証機関は、その武器の「取扱い説明書」をいろいろな場で出していかないと、初心者組織は、その武器をどのように使えばいいかわからないと思います。わからないままに組織環境が進展していくと、その組織では武器が時代にあわなくなってしまうこともあり得ます。

　ある側面の規格の形式を満たそうとするよりも、持続のために続ける活動こそが、それぞれの側面のISOマネジメントシステム要求事項を結果的に満たすというような活動へと推進させたいものです。また、そのような眼を持って審査にあたりたいのです。

7.1 マニュアルの一本化と ISO 活動の全社化

適用範囲のレビュー

　マニュアルの要求がある規格は品質マネジメントシステムだけであるが、現実的には 100%の組織が、環境も、労働安全衛生も、情報セキュリティも、マニュアルを策定している。

　しかし、マネジメントシステムごとにマニュアルを持つことは、いろいろな観点から見ても不合理である。

　「組織のマネジメントシステムは 1 つ」という考えからも、マニュアルは 1 つにすることが望まれる。

　また、認証範囲は限定したとしても、活動は全社展開が望まれる。また組織のリスクに応じて、適用する範囲はレビューしていくとよい。

　既に、複数のマネジメントシステムを運用している組織で、マネジメントシステムを一本化したいという場合は、「マネジメントシステム統合」に関する書籍が多数出ていますので、参考にされるとよいでしょう。

　第 2 章で述べましたが、複数の文書を 1 つにする、複数の記録を 1 つにすることは、地球環境にとっても大変重要なことです。

第3章　経営に直結させるISOの効果的な方針・目標展開

7.2　ドラッカーもTQMもISOもみな同じ！

- ISOでいう方針・目標展開、継続的改善は、P. F. ドラッカーがいっていること、E. デミングがいっていること、TQMでいっていること、違うことをいっているのではなく、根本的にはみな同じである。
- もともとP. F. ドラッカーはデミングと同じ大学で教壇に立っていたことがある。
- TQMのPDCAの考えがISOに反映された。
- ISOがいうからとか、TQMでいうからとかではなく、組織が、1つの方向を目指し、効果を求めて効率よく前進させるのに、方針・目標展開、改善のサイクルが必要であるということ。

『もしドラ』のことを前に述べましたが、本書の執筆にともない、ドラッカーの著作を読み、いろいろ調べ直しました。調べれば調べるほど、マネジメントのことについては、ドラッカーもTQMもISOも根本的には同じことをいっているという印象を強くしました。例えば、ドラッカーが提唱したフィードバック分析による改善（図表3.3）の活動手順はTQMにおけるPDCAサイクル（図表3.4）を使って説明することもできます。

人が成長していく過程で、マネジメントを学ぶことは、とても大切で、特に学生にとっては必須ではないかと思っています。

筆者は学生時代に、武者小路実篤の『人生論』や『恋愛論』を読んだとき、胸をうたれたことがありますが、今の若い人には、学生時代に、ぜひ、マネジメントを勉強してほしいと思っています。マネジメントを勉強した人が社会に出ることに大いに期待したいと思います。

家庭も、マネジメントによって成り立っています。とりわけ父親や母親は経営層でしょうか。家庭の方針のもと、安心・安全な中で食べていくこと、子供

図表 3.3　ドラッカーのフィードバック分析による改善[1]

■フィードバック分析
期待していた成果と実際の結果を比較し、それを次の行動に反映させること。

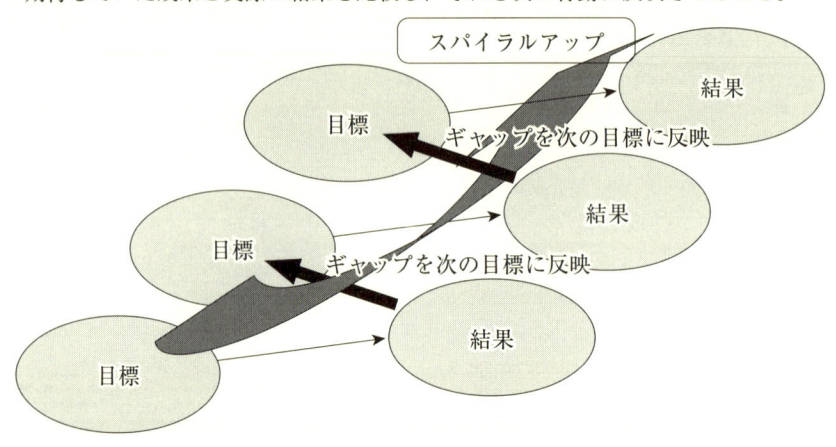

スパイラルアップ
結果
目標
ギャップを次の目標に反映
結果
目標
ギャップを次の目標に反映
結果
目標

図表 3.4　TQM の PDCA サイクルによる方針・目標展開

■PDCA サイクルによる展開

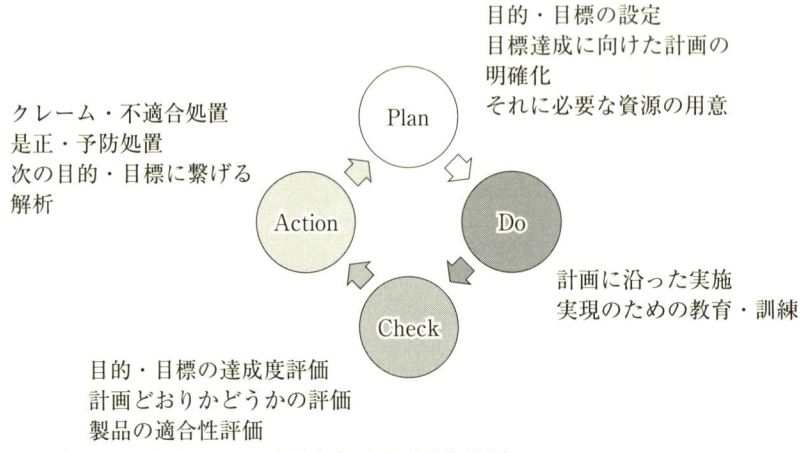

Plan
目的・目標の設定
目標達成に向けた計画の明確化
それに必要な資源の用意

Do
計画に沿った実施
実現のための教育・訓練

Check
目的・目標の達成度評価
計画どおりかどうかの評価
製品の適合性評価

Action
クレーム・不適合処置
是正・予防処置
次の目的・目標に繋げる解析

（出典）「実践問題解決セミナー資料」（日本科学技術連盟）

たちが育っていくことを持続していかなければなりません。収入の安定を目指し、コストをコントロールして、より満足度の高い家庭を目指すものと思います。毎日夕食のメニューを考え、どこから手に入れようか考える奥様はとりわけ飲食の責任者でしょうか。緊急事態のことも考えておく必要がありましょう。家庭に潜むリスクを想定し、「気をつけてね」の一言も欠かせないかもしれません。

『マネジメント』は時の話題で語るものではありません。いつでも、ドラッカーのいっていること、ISOマネジメントシステムでいっていること、TQMでいっていることを実践することで、よりよい明日が築かれればよいと思います。

第3章のまとめ

　マネジメントシステムにおける技術的な話をしてきましたが、最後にお伝えしたいこと、それは以下の3点です。

- 「人は感情（心）で動くものだ」ということの認識が改めて必要である。
- マネジメントシステムが定着しても、すべてはシステム（仕組み）で動くという勘違いをしてはいけない。
- 動機、モチベーションのアップこそが真の改善を推進していく。

　組織は少なからず弱い立場なので、規格要求に不適合だといえば文字どおりに受け取るでしょうし、是正処置を図るでしょう。

　内部監査でも同様です。管理職など、強い立場の内部監査員や、ISOの要求事項をよく勉強した内部監査員にいわれた指摘は、受け取るものと思います。

　しかし、手で受け取るのと、心で受け取るのとは違うのです。本当に理解して、その指摘を改善することが、どんなに大事かをわかって受け取った場合、改善のよい知恵が生まれると思いますし、二度と繰り返さないように、以後努力するものと思います。

　指摘を与えるのも、受け取るのも、血の流れる人間であるということを肝に銘じなければなりません。

　そうでなければ、形式的な改善に終始するものです。人間は心で動くのですから、心に訴える指摘、心で得る指摘を目指したいものです。

　なお、「経営に直結するISOの効果的な方針・目標展開」の講演を行ったときに、会場から出た質問のいくつかと、筆者が答えた回答を以下にまとめておきます。

① 「売上目標」や「コスト目標」を品質目標や環境目標にしてもよいか
　　→「売上目標」「コスト目標」のみならず、経営上の目標は1つにしてまとめて取り組むのがよいと思われる。
　　　その1つひとつは、必ずや何らかのマネジメントシステム側面につなが

っていると思う。
　→売れない、客がつかない……というのは最重要なマネジメント課題であり、最大のシステム不適合ではないかといえる。この不適合を改善することは、最重要だと思われる。
　　　組織内のリスク及びコストに関する課題が解消されていかなければ、活動は真に有効とはいえないのではないか。
② 初めての指標は、データがなくてもよいか。
　→管理項目、指標を設定するには、分析の結果にもとづく重点順を考慮するとよい。
　→これまでのデータ収集がなく、分析結果もない指標に取り組む場合、短期間であれ、まずデータを特定し、収集し、分析し見通しを立ててから望むのがよいと思われる。
　　　ただ、その指標が最重点である場合は、目標値が適切かどうかは後の判断に委ねて、まず対策を実行して、データを取り始める。この場合は、1年後などを待たず、途中でも収集されたデータを分析し、早く適切な目標値を設定するのがよい。
③ 数年間の中期計画に品質や環境の面を入れれば規格のいう目的はつくらなくてよいか。
　→規格がいう目的とは「組織が達成を目指して自ら設定する、方針と整合する全般的な当該活動の到達点」であり、組織が一般的に策定する方針実現のための中長期計画となんら変わらないといえる。
　→規格が要求しているからとか審査のためとかで活動をするのではなく、持続的経営に必要な活動を行っていくことで、規格にはおのずと適合していくものと考える。
④ 不適合0件を目標にするのがいいか、不適合○％減を目標にするのがいいか。
　→不適合という用語の組織としての定義による。
　→例えば"不適合製品"でも、0件目標がよい場合と、○％減目標がよい場合がある。
　→交通事故が前年10件発生しているとして、今年の目標は50％削減し5件以内とするという目標は、目指す目標としては適切でないかも知れない。交通事故を起こさせないためにすべき行動（活動）を指標にして取り組むのも方法である。
　→工程で生じている不適合製品が前年1000個あるとして、今年の目標は、0個にするという目標は、現実的に適切でないかも知れない。手を打つべき行動（活動）は手段として、あくまでも低減させたい程度の個数を設定する必要があるのではなかろうか。

⑤ 内部監査での、「方針・目標展開」における効果的な監査方法（進め方）は。すべての要求事項を追いかけるよりも、この点を徹底的に追いかけることが有効のような気がするが……。
→そう思う。内部監査で、徹底的に方針・目標展開とマネジメントレビューを突き詰めていけば、おのずとすべての項番がカバーできてくる。

参考文献

[1] P. F. ドラッカー（著）、上田惇生（訳）:『マネジメント［エッセンシャル版］— 基本と原則』、ダイヤモンド社、2001 年

あ と が き

ISO を続けてほしい！　でも ISO 規格や外部審査に振り回されないでほしい！

　ISO マネジメントシステム規格は、あくまでも、どのような業種や規模にも適する基本的なツールが納められたものと考えることが重要であると思います。

　ISO マネジメントシステム規格で仕事が動くわけではありませんし、それだけで効果的・効率的な経営につながるものでもありません。ISO マネジメントシステム規格の要求事項をどう自分たちの組織に取り入れて、どう咀嚼して、どう使うかを判断するのは、何度も繰り返しますが、組織側です。

　内部監査やマネジメントレビューでは、より効果的、効率的な活動の推進、継続的な有効性の改善の推進がなされているかをチェックし、レビューします。

　外部審査は、運用している姿を基に、プロの目から見て、規格の意図が正しく理解されているか、運用されているかを観察するということではないかと思っています。

　決して ISO 規格に使われないこと。規格要求事項に合わせて無理な仕組みを構築し、仕事の実態とずれたところの活動をするのは避けることです。規格もまた時代により変わっていくもの、組織も常に時代によって変化をとげるものです。その時々に、持続的成長を目指して、品質経営の推進がなされる姿を、組織と認証機関とがお互いにチェックしあって、お互いに持続していきたいものです。

　認証機関と組織は、パートナーであり、同じ目の高さでマネジメントシステムという共通言語で成長を語り合う、そういう関係で進んで参りたいと思います。

本書を執筆するにあたって、執筆した内容がコンサルティングに該当するかしないか悩み、注意しつつ書きました。筆者の立場をもってより詳細にマネジメントシステムの構築・運用に関する方法論を語ることは、制度上いかがなものであろうかとすごく悩んだものです。

　しかし、本書の内容は一組織に対しての固有の助言・情報提供ではなく、既知となっている情報ばかりですし、不特定多数の読者に向けたものです。パフォーマンスの向上を目指していただく趣旨で書き始めたものですから、思い切ってまとめ上げました。

　本書がコンサルティングに該当するなら、別の機会に関係者と議論したいと思っています。

　2011年5月

仲川　久史

追記

　現在、ISO 9001及びISO 14001について、次期改正にむけISO各TCにおいて審議が進んでいます。2015年には発行される見込みで、すでに発行後3年内に移行をしなければならないことが決定されています。各審査機関では移行審査に向けての準備が始まってきています。

　文中に示した通り、HLS、MSS共通テキストが2013年に発行されたのを受け、箇条構成は大きく変わろうとしています。

　しかし、これをメジャーな改正と考えるかマイナーな改正と考えるかは意見が割れるところです。筆者はマイナーな改正と判断しています。なぜなら、もともと組織が適切なマネジメントをシステマチックに運用させようとしているならば、規格改正に振り回されることなく必須な内容が、自然体で構成され直されるに過ぎないからです。

　規格が要求するから、規格が改正されるから、それを満たすように手順を作るのではないのです。組織のそれぞれの目的に沿って、顧客や社会全般のニーズ、期待に応え、事業継続・発展を目指して取組んでいれば、おのずと改正されようとする規格要求を満たすのです。規格のわかりにくいところは、規格屋

に任せ、規格屋に解説を求めればよいのです。

　ISOマネジメントシステム規格は、真に有効性を追い求めれば、真に事業成果に応えてくれるものと信じています。

　2014年1月　第3刷に際して

仲川　久史

【著者紹介】

仲川久史（なかがわ　ひさし）

　1957年、神奈川県生まれ。小田急ホテルチェーン、平安閣グループを経て、1992年、有限会社ソフトウェーブジャパン設立。ホテルなどのコンサルタント、ホテル学校講師、コンビニエンスストア経営などを経て、2005年から財団法人日本科学技術連盟ISO審査登録センター品質審査室勤務、2007年から品質審査室室長、2010年から品質・環境審査室室長。2013年から次長（審査室統括）。品質管理学会正会員。品質（JRCA）環境（CEAR）労働安全衛生（JUSE）道路交通安全（JUSE）各主任審査員。審査実績多数。

　他の執筆に『ISO 39001　道路交通安全マネジメントシステムの背景と規格解説』（日科技連出版社）がある。

経営につなげる

ISO 活動の極意

本気で有効性を高めるために……

2011年7月12日　第1刷発行
2014年1月30日　第3刷発行

著　者	仲川久史
発行人	田中　健
発行所	株式会社　日科技連出版社 〒151-0051　東京都渋谷区千駄ヶ谷5-4-2 電話　出版　03-5379-1244 　　　営業　03-5379-1238〜9
振替口座	東京　00170-1-7309
URL	http://www.juse-p.co.jp/
印刷・製本	株式会社シナノパブリッシングプレス

©Hisashi Nakagawa 2011
Printed in Japan

本書の全部または一部を無断で複写複製(コピー)することは、著作権上での例外を除き、禁じられています。

ISBN978-4-8171-9408-4